성경 속 나무로 느끼는
하나님의 현존

대림절 생명 살림 묵상집

성경 속 나무로 느끼는
하나님의 현존

2020년 11월 18일 초판 1쇄 발행
2022년 11월 18일 개정판 1쇄 발행

지은이 | 최광선 김순현 조연환 최주훈 등 31인
엮은이 | 기독교환경교육센터 '살림'
펴낸이 | 김영호
펴낸곳 | 도서출판 동연
등   록 | 제1-1383호(1992년 6월 12일)
주   소 | 서울시 마포구 월드컵로 163-3
전   화 | (02) 335-2630
팩   스 | (02) 335-2640
이메일 | yh4321@gmail.com

Copyright ⓒ 기독교환경교육센터 '살림', 2022

ISBN 978-89-6447-849-3 03230

개정판

대림절 생명 살림 묵상집

성경 속 나무로 느끼는 하나님의 현존

최광선 김순현 조연환 최주훈 등 31인 지음
기독교환경교육센터 '살림' 엮음

동연

나무와 숲 그리고 생태 시대

나무를 좋아합니다. 한동안 지냈던 연구실 창문 너머에 서 있는 느티나무는 좋은 벗이며 선생님이었습니다. 제가 마음이 흔들려 그 자리를 떠나고 싶을 때, 그 나무는 그 자리를 우두커니 지키고 서 있었습니다. 그리고 저에게 "괜찮아! 괜찮아!"라고 말하듯이 가지를 흔들거렸습니다. "흔들려도 괜찮으니 그 자리에 머물러라"라고 말하는 선생님의 일침처럼 다가왔습니다.

어느 해 겨울, 침묵과 관상을 지향하는 리트릿을 길게 가졌습니다. 하루 대부분 시간을 채플에 앉아 있었습니다. 처음 며칠 동안은 한 시간도 앉아 있기 힘들었습니다. 어느 날 쉬는 시간을 이용해 겨울 숲을 산책하였습니다. 그때 저는 겨울나무를 보고 큰 감명을 받았습니다. 그 나무들은 땅에 뿌리를 깊이 내리고 하늘을 향해 두 손을 펼치고 서 있었습니다. 겨울 숲의 나무들은 기도의 본을 보여준 수도사들 같았습니다. 하늘을 우러러 묵묵히 서 있었던 그 나무들은 기도가 무엇인지 말없이 가르쳐주는 선생님이 되어 주었습니다.

겨울 숲은 기도 안에서 자기 비움이 무엇인지 또한 가르쳐주었습니다. 겨울나무는 자신을 덮고 있었던 잎을 떨구어 자신의 모습을 그대로 드러내고 있었습니다. 한여름 무성한 잎에 의해 감추어졌던 자신의 실재(實在)를 고스란히 드러내 보여주었습니다. 부러진 가지를 그대로 드러냈고, 어느 새가 만들었던 둥지도 숨김없이 보여주었습니다. 있는 모습 그대로 드러내는 겨울나무는 하나님 앞에 자기 비움이 무엇인지 또한 어떻게 존재해야 하는지를 가르쳐주는 선생님이었습니다.

가만히 나무를 생각하면 나무는 기도를 가르치는 선생님임이 분명합니다. 더욱이 삶을 가르치는 선생님이기도 합니다. 계절로 보면 가을과 겨울은 나무가 참고 견뎌내야 하는 힘든 시련의 시간이라고 합니다. 잎과 줄기로 가는 양분을 스스로 차단하여 잎을 떨구어 내야만 자신이 새로운 삶을 살 수 있기 때문입니다. 포기하지 못한 우리 자신에게 포기할 것은 포기해야 한다고 가르치며, 죽어야 산다는 단순한 진리를 온몸으로 보여주는 것이 겨울나무들이었습니다.

겨울나무가 기도와 삶을 가르치는 스승이 되었다면, 봄에 만난 나무는 생명에 대한 외경과 부활의 의미를 가르쳐 주었습니다. 군 생활을 하던 때였습니다. 그리고 친구를 떠나보내야 하는 아픔도 있었던 어느 봄이었습니다. 너무 힘들어 삶에 대한 희망 대신 절망이 밀려왔던 시기였습니다. 어느 날 동료들과 함께 진지 작업을 위해 한계령이 있는 어느 골짜기로 향하였습니다. 그때 잔설 위에 뼈대만 앙상하게 남은 한 나뭇가지에서 돋아나는 새순을 보았습니다. 잔설이 남아있던 산 능선 위, 고사목같이 죽은 것처럼 생각되었던 그 나무. 그 나무에서 새순이 돋아나는 것을 보았을 때, 저는 절망이 아닌 희망을 보았습니다. 죽음이 아닌 생명을 보았습니다. "보라 십자나무 여기 세상 구원이 달렸네", "모두 와서 경배하세"라는 성금요일의 울림이 한계령 잔설 위로 울려 퍼지고 있었습니다.

나무에 관한 생각을 하니 나무와 새에 관한 이야기가 떠오릅니다. 영성 지도자 훈련에 참여할 때, 공동체 분별을 이해하기 위해 제안받았던 영화가 있었습니다. 그 영화는 〈신과 인간〉이었습니다. 이 영화는 1996년 알제리에 있는 한 수도원이 배경이며, 무슬림 근본주의자들이 수도원의 수도사 7명을 살해한 사건을 극화한 영화입니다.

죽음의 그림자가 수도원 담장을 어른거리는 시간에 수도사들은 그곳에서 머물러야 할지 떠나야 할지 분별(discernment)의 시간을 갖습니다. 그때 한 수도사와 그곳 주민이 하는 대화가 인상적이었습니다.

"저희가 이 마을을 떠날지도 몰라요."

"왜요?"

그곳 주민들은 수도사들이 떠날 수 있다는 말을 받아들이기 어려웠습니다. 수도원은 이미 마을에서 중요한 역할을 하고 있었기 때문입니다.

그때 수도사가 대답합니다.

"새들은 가지를 떠날 때 이유를 말하지 않습니다."

이 말을 들은 주민은 되묻듯 말합니다.

"우리가 새이며 당신들은 나뭇가지입니다."

수도사는 자신들이 마치 새처럼 잠시 그 마을에 날아들었다고 생각했습니다. 그러나 그곳에서 오랜 세월 주인으로 살았던 주민들에게는 오히려 수도원과 수도사들이 우리네 동리 어귀에 있는 느티나무와 같은 존재였다는 고백이었습니다. 그 수도사들은 마을을 떠나지 않고 그곳에 머물며 순교합니다. 이 영화를 보며 내가 걷는 이 길이 누군가에게 든든한 느티나무가 되어 주는 삶을 살고 싶다는 마음이 들었습니다.

대림절 묵상 주제를 기독교환경교육센터 살림의 제안으로 함께 "나무"에 맞춰 보았습니다. 나무는 창세기에서부터 요한계시록에 이르기까지 다양한 의미를 지니고 있습니다. 처음 창조의 중심에는 선악을 알게 하는 나무 이야기가 있습니다. 주님의 육화를 잘 설명하는 사도 요한은 예수님을 포도나무에 비유합니다. 주님은 마지막 순간 나무 위에 자신의 육신을 맡기셨습니다. 마지막 창조의 때 등장하는 생명나무는 새롭게 펼쳐질 새 하늘과 새 땅의 생명을 드러냅니다.

그런데 우리는 죽임의 문화가 삶을 지배하는 시대를 살아가고 있습니다. 이 시대의 나무는 경제적 이윤을 남길 수 있는 단순한 목재로 여겨지거나 인간의 휴식을 위한 도구로 생각하는 시대입니다. 나무를 그렇게 도구적으로 바라본다면 산과 나무는 결국 황폐해질 것이며, 그들의 황폐화는 우리 인간의 미래가 될 것입니다.

나무는 기도와 자기 비움의 스승이며, 기다림의 선생님입니다. 새를 기다리고, 구름을 기다리며, 구원을 기다립니다. 다사다난한 시절에 맞이하는 대림절, 당신은 무엇을 기다리고 있습니까? 나무를 스승 삼아 나무가 들려주는 노래를 듣는 것으로 시작할 수 있을까요? 나무의 선창에 따라 우리의 노래를 부를 수 있을까요? 가장 어둠이 깊어가는 동지, 육화하신 그리스도와 함께 찬란하게 솟구쳐 오를 희망의 새 노래를 함께 부를 수 있을까요?

대림절 나무 묵상을 통해 하늘과 땅과 세상을 연결하셨던 예수님의 오심을 더욱 사모합니다. 나무와 함께하는 대림절 묵상의 순서는 나무를 통해 드러난 하나님 현현, 만남, 축복, 찬양의 주체, 분별, 재창조와 치유의 순서로 진행됩니다. 이 순서를 따라 성탄절은 주님께서 이 땅에 드러내신 현현임을 고백합니다. 대림절은 하늘과 땅이 만나는 거룩한 시간이며, 주님 오심을 기다리는 이들은 나무와 함께 주님을 찬양하며 시대를 분별합니다. 오시는 주님은 이 땅을 치유하며 새롭게 창조하실 예수 그리스도입니다. 오시는 주님의 은총이 여러분의 여정 위에 충만하기를 기원합니다.

_ 최광선(덕신교회 목사, 살림지도위원)

생태적 회개와 전환의 길

하나님께서는 천지와 시공의 역사를 통해 만물을 빚어내셨습니다. 그 만물에는 광물과 식물과 동물과 인물이 있습니다. 그중에서도 인물(人物)은 가장 나중에 빚어낸 피조물입니다. 인간은 가장 정교하고 고등한 생물이지만, 가장 취약한 생명체이기도 합니다. 왜냐하면 인간은 다른 모든 피조물에 의존하고 기생하는 존재이기 때문입니다.

광물은 그 자체로 존재할 수 있는 무기물입니다. 식물은 이 광물들과 빛을 통해 생명의 에너지를 만들어 냅니다. 동물들은 이 식물들이 만들어 내는 생명의 에너지를 섭취하여 살아갑니다. 인간은 광물, 식물, 동물들의 에너지를 얻어서 살아가는 최상, 최후의 존재가 됩니다. 인간은 생태계에서의 최상의 포식자이지만 역으로 광물, 식물, 동물이 사라지면 독자적으로는 살아갈 수 없는 나약한 존재입니다.

따라서 인간에게 주어진 청지기로서의 사명은 당연히 자신의 존재근거가 되는 피조물들에 대한 양육과 보전입니다. 남용과 학대, 멸종의 권리나 자유는 어디에도 없는 것입니다. 그럼에도 자기 자신의 기생적인 존재 형식 자체를 망각하고, 만물의 다양성과 존재 의미를 저버리는 몰지각한 행위로 빚어진 결과가 오늘날의 환경문제라고 할 수 있을 것입니다.

오늘날 기후변화와 팬데믹의 근원에 생태환경의 파괴가 있음을 인식해가고 있습니다. 보이지도, 만져지지도, 느껴지지도 않은, 하나의 미물에 불과한 바이러스조차도 감당하지 못하는 인류문명의 허약성에 대해 인간의 존재론적 성찰이 절실해지고 있습니다. 우리가 풀과 나무와 숲에서 길을 묻고자 하는 것은, 뿌리에서부터 우리 인간 존재의 길을 성찰해보고자 하는 것입니다.

풀과 나무와 숲은 한 줄기 태양 빛만으로도 생명의 에너지를 빚어내는 광합성의 신비로운 활동 주체입니다. 지구상의 모든 생명체는 이 신비로운 주체가 빚어내는 물질과의 신선한 연대, 즉 호흡과 영양소의 섭취로 말미암아 존재할 수 있습니다. 결국 모든 동물의 근육은 풀과 나무의 섬유질이요, 그 폐부에 들고나는 생명의 징후인 호흡도 역시 한 장의 떡갈나무 잎이 빚어내는 숨결에 불과한 것입니다.

그리고 보면, 풀과 나무와 숲이야말로, 지구상의 모든 생물,

특히 동물과 인간이 그 삶의 영광을 온전하게 돌리지 않을 수 없는 '존재의 은인'인 셈입니다. 그럼에도 우리는 이 존재들의 이야기를 들을 수 없습니다. 날짐승이 말을 하고 나무들도 꿈틀대던 원시의 생태계를 벗어난 이래, 우리는 풀과 나무의 말들을 알아듣지 못하게 된 지 오래입니다.

우리는 이제 풀과 나무의 존재 방식, 그 야생성에서 보고 듣고 배워야 합니다. 야생이라고 하는 피조물의 원형 속에서 우리는 생명의 소리를 들을 수 있어야 합니다. 그 소리를 듣지 못한다면 포스트랩사라인(타락 이후)의 세계 속에서 살아가야 하듯이, 포스트코로나에서 벗어나지 못할 수도 있을 것입니다.

야생성 회복은 길들었던 문명의 때를 빼고, 창조 질서의 원리에 맞춰 철들어 가는 일입니다. 즉, 철이 든다는 것은 풀과 나무가 싹 틔우고 꽃 피우고 열매 맺는 전 과정에 내가 동참함으로써, 그 시간과 계절의 감이 몸에 배고 창조 질서를 느끼며, 자유를 얻어가는 과정이라고 하겠습니다.

철 따라 피고 지는 풀과 나무를 알고 이해한다는 것은, 계절의 주기에 따른 개체의 유한성과 전체의 순환성을 생태적 관계속에 이해하는 것이며, 자신도 우주의 한 생명 리듬에 속해 있음을 깨닫게 되는 것이라고 할 수 있습니다. 그렇게 자연으로부터의 소외(疏外)를 극복하고 자연의 리듬을 내 몸에 온전하게 모시는 것이 진정한 자유를 획득해 나가는 길입니다.

아마, 도시화, 기계화에 길들어진 사육된 본능에 야생성을 불어넣는 길은 껍질을 벗고 나와야 하는 탈피와 전환처럼 고통스럽고 어려운 일일 것입니다. 그러나 야생성의 회복은 기존에 누렸던 삶의 패턴을 부정하는 총체적인 회개, 생태적 회개와 전환의 체험을 통해 이루어질 수밖에 없을 것입니다.

그런 점에서 풀과 나무는 우리를 철들게 하고 자유의 본질을 각인시켜 주는 야생의 지도자이자 동반자인 셈입니다. 풀과 나무와 숲은 우리의 육신을 구성하는 산소이며 헤모글로빈이며, 섬유질이자 영양소일 뿐만 아니라, 근본적으로는 우리의 삶의 목적과 방향을 함께 구성하는 생명의 도반입니다.

동네의 작은 나무 한 그루와 숨결을 나누며 교감하는 일, 그 광합성의 노동으로 빚어내는 수많은 빛깔의 생명 에너지를 목격하는 일, 척박한 콘크리트 대지에도 뿌리를 박고 심장의 박동만큼 힘차게 수액을 길어 올리는 생명의 위대함을 느껴보는 일, 이 모두가 풀과 나무와 숲에서 창조 질서의 원리를 느끼면서, 생명의 목적과 참다운 나를 찾아 자유를 얻고, 나아가 인류문명의 길을 묻는 일이라고 하겠습니다.

_ 유영초(풀빛문화연대 대표, 기독교환경교육센터 살림 이사)

차례

대림 1주

하나님과 창조 세계

로마서 11:36

만물이 그분에게서 나와, 그분을 통하여, 그분을 향하여…

For from him and through him and for him are all things.

에베소서 4:6

하나님도 한 분이시니 곧 만유의 아버지시라 만유 위에 계시고 만유를 통일하시고 만유 가운데 계시도다

one God and Father of all, who is over all and through all and in all.

고린도전서 15:28

이는 하나님이 만유의 주로서 만유 안에 계시려 하심이라

God may be all in all.

"모든 것의 존재는 존재를 넘는 신격이다"(J. Eurigena).

"우리는 하나님과 창조물을 서로 다른 구별되는 둘이 아니라 하나이자 같은 것으로 이해해야 한다. 창조물은 존재함으로써 하나님 안에 있고, 하나님은 자신을 현시함으로써 경이롭게 형언할 수 없는 방식으로 창조물 안에서 자신을 창조하신다"(Eurigena).

"모든 창조물 안에는 삼위일체 흔적이 발견된다. 모든 창조물 안에서 필연적으로 신적 위격으로 환원되는 원인이 발견되는 한에서 그러하다"(T. Aquinas).

"모든 것이 하나님이 아니다. 그러나 하나님은 당신의 창조에 의해 모든 창조물 안에 하나님의 표지를 남겨 놓고 그 창조물 하나 하나에게 하나님의 항구한 현존을 보장해 주신다. 하나님의 이 창조로 해서 하나님은 모든 것 안에 있고 모든 것은 하나님 안에 있다. 창조물은 언제나 하나님께 의존해 있으면서 자기 안에 하나님을 품고 다닌다. 하나님과 세계는 다르다. 한 존재는 다른 존재가 아니다. 하지만 이 두 존재는 분리되어 있지도 폐

쇄되어 있지도 않다. 그들은 서로에게 열려 있다. 그들은 언제나 서로 얽혀들어 있다. 만약 이들이 다르다면, 그것은 그들이 서로 소통하고 친교와 상호 현존(mutual presence)을 통해서 일치를 이룰 것이다"(보프, 생태공명, 325).

창조주 하나님께 드리는 한 줄 기도 쓰기

참포도나무 되신 예수님

요한복음 15:1-5

¹ 나는 참포도나무요 내 아버지는 농부라 ² 무릇 내게 붙어 있어 열매를 맺지 아니하는 가지는 아버지께서 그것을 제거해 버리시고 무릇 열매를 맺는 가지는 더 열매를 맺게 하려 하여 그것을 깨끗하게 하시느니라 ³ 너희는 내가 일러준 말로 이미 깨끗하여졌으니 ⁴ 내 안에 거하라 나도 너희 안에 거하리라 가지가 포도나무에 붙어 있지 아니하면 스스로 열매를 맺을 수 없음 같이 너희도 내 안에 있지 아니하면 그러하리라 ⁵ 나는 포도나무요 너희는 가지라 그가 내 안에, 내가 그 안에 거하면 사람이 열매를 많이 맺나니 나를 떠나서는 너희가 아무것도 할 수 없음이라

묵 상 글

성경에서 사람이 처음 재배한 식물이 포도나무(창 9:20)입니다. 노아 시대에 홍수가 끝난 후 농업을 시작하면서 포도나무를

심습니다. 예수님은 첫 기적을 보여주었던 가나의 혼인 잔치에서 물이 포도주로 변하게 하여 하나님 나라 잔치의 기쁨을 미리 보여줍니다. 예수님은 최후의 만찬을 통해 포도주잔을 들어 "받아라" 하시며 구원의 잔을 높이 들었습니다. 포도나무는 땅을 일구는 농부의 수고와 구원의 신비와 예수님의 희생을 잘 드러냅니다.

오늘 복음을 바탕으로 하여 그린 "예수 그리스도는 참포도나무" 성화가 있습니다. 성화 안에는 포도나무가 그려져 있고, 포도나무 한 중심에는 예수님이 그려져 있습니다. 그 얼굴은 우주의 통치자이며 영광의 그리스도로 일컬어지는 판토크라토르 (pantocrator, 전능하신 그리스도) 예수님 모습입니다. 예수님의 가슴 앞에는 요한복음 15장 말씀이 펼쳐져 있고, 예수님의 펼쳐진 두 손은 삼위일체 손가락 모양을 하고 있습니다. 포도나무 가지 끝에는 열두 사도가 그려져 있습니다. 이 성화는 예수님께서 오늘 복음에서 말씀하신 것처럼 "나는 포도나무"임을 보여주고 있으며 열두 제자로 드러난 모든 이들과 한 몸을 이루고 있습니다. 이 성화는 우주적 그리스도 안에서 모두가 예수 그리스도의 몸을 이루고 있음을 나무를 통해서 잘 보여줍니다.

예수님께서 스스로 자신을 나무라 비유하셨습니다. 나무가 대지에 뿌리를 내리듯, 예수님은 하나님께 깊게 뿌리내렸습니다. 나무가 하늘과 땅을 잇듯이 예수님은 하나님과 사람을 잇는 분이며 사람과 창조 세계를 잇는 분입니다. 나무가 자신을 새들에게 내주듯, 예수님은 가난한 이들과 소망을 잃은 이들의 품이 되어 주었습니다. 나무가 하늘을 행해 홀로 서 있듯, 예수님은 자신의 길을 고독하게 걸어가셨습니다. 나무가 아낌없이 모든 것을 주듯이, 예수님은 물과 피 한 방울 남김없이, 다함 없이, 그지없이 모든 것을 우리에게 주셨습니다. 나무는 생명의 상징입니다.

오늘 우리는 생명이 아닌 죽음의 시대를 살고 있습니다. 코로나19는 우리의 삶과 문화를 새로운 눈으로 보라고 초대합니다. 삶을 전환하라고 재촉합니다. 오늘 우리는 생명을 보는 눈을 잃어버렸습니다. 이때 겨울나무는 모든 것을 떨구고 "기도하라, 기도하라, 기도하라" 외치는 선생님입니다.

묵상을 위한 질문

예수님은 포도나무이고 우리는 가지입니다. 나무와 가지가 둘이 아니듯, 예수님의 영이 우리 안에 계시고, 우리는 그분 안에 머물러 있습니다. 예수님과 내가 하나를 이루듯이, 나와 타자 그리고 나와 창조세계가 한 몸을 이루며 살아갈 수 있을까요?

주님, 주님은 포도나무요 우리는 가지임에 감사드립니다. 주님, 오늘 하루를 살아가면서 나무를 볼 때마다 주님을 생각나게 해 주십시오. 그리하여 주님을 더 기다리며, 더 사랑하며, 더 가까이 다가가는 대림의 첫날 되게 하여 주십시오. 포도나무라 칭하신 예수님 이름으로 기도합니다.

_ 최광선(덕신교회 담임목사, 생태영성 신학자)

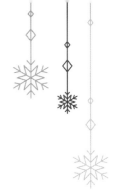

대림 1주 화요일

새로 봄

잠언 3:18

지혜는 그 얻은 자에게 생명 나무라 지혜를 가진 자는 복되도다

성경 속 나무로 느끼는 하나님의 현존

25

우리 집 앞에는 납작한 감이 열리는 감나무 한그루가 있다.
여름에 딱딱하고 푸르고 떫은 감이
말랑말랑하고 단맛이 든 발그레한 홍시가 되는 가을이면,
청딱따구리, 오색딱따구리, 물까치, 직박구리, 때까치, 딱새 등
온갖 새들이 와서 아침저녁으로 쪼아 먹는다.
이 가을에 우리를 비롯한 새들에게 내어놓는 감나무의 선물
이다.

봄볕에 꽃을 피우고,
여름비와 바람, 뜨거운 햇살로 키워
낟알을 영글게 하는 따스한 가을 햇살로
긴 시간이 걸려야 달달한 홍시가 만들어진다.
그래도 감나무는 자신을 위해 홍시를 만들지 않는다.

가을 손님들을 위해
봄부터 준비해 뜨거운 여름을 거쳐 가을에 열매를 내어놓는
감나무(a life-giving tree)에게 우리는 준비(기다림)의 지혜를 배
운다.

• 오시는 그분을 위해 제가 내어놓을 것은 무엇입니까?

한 줄 기도

대림절 기간에 봄부터 준비된 가을 홍시로
이웃들과 나누는 감나무처럼
쌓아놓을 창고가 없는 이들과 나누며,
준비하는(비우는) 저이게 하소서.

_장석근(오봉교회 목사)

'나무'이신 예수 그리스도

로마서 1:19-20

¹⁹ 이는 하나님을 알 만한 것이 그들 속에 보임이라 하나님께서 이를 그들에게 보이셨느니라 ²⁰ 창세로부터 그의 보이지 아니하는 것들 곧 그의 영원하신 능력과 신성이 그가 만드신 만물에 분명히 보여 알려졌나니 그러므로 그들이 핑계하지 못할지니라

묵상 글

언젠가 이런 글을 본 게 생각난다. '무엇이 없다는 것과 있다는 것 중 어느 것이 증명하기 쉬울까?' 당연히 있다는 쪽이다. 없다는 것을 증명하려면 지구의 모든 곳, 지구의 전 역사를 다 확인하고서야 가능하지만, 있음을 증명하는 것은 작은 것 하나, 증거가 조금만 있어도 가능하다. 그러므로 하나님(신)에 대해서도 마찬가지다. 신이 어디에 있느냐고 항변하지만, 하나님이 계신

증거는 많아도 너무나 많다.

하나님을 알 만한 것이 그들 속에 보이고, 하나님께서 이를 그들에게 보이셨다고 한다. 특별히 그가 만드신 만물에 분명히 보여 알려졌나니 누구도 핑계할 수 없다고 한다. 21세기 들어 산림청에서는 새천년 밀레니엄나무로 느티나무를 선정했다. 이유는 오래된 나무가 많고, 동네마다 가장 좋은 자리에 자리할 만큼 사랑받기 때문이다.

느티나무는 평균 500~600년은 보통이고 길게는 천년 목도 있다. 100년도 못 사는 사람 앞에 느티나무는 무슨 생각을 하고 우리에게 어떤 말을 해줄까. 그 오랜 시간 한 자리에서 얼마나 많은 비바람과 긴 겨울을 견디며 살아왔을까. 아마도 자신 안에 담아주신 하나님의 은총과 생명을 노래하며 감사하지 않을까 그리고 짧은 인생을 사는 우리에게 하나님을 바라보고 그 은혜 안에 살라고 하리라.

느티나무는 그 오랜 시간 사람과 함께 지내면서 세대와 세대를 보았겠지. 3~4대가 함께 어울리도록 기꺼이 놀이터요, 쉼터요, 마을 사람들 화합의 장으로 나를 내놓듯, 세상을 그렇게 지으시고 돌보시며 희생하신 나무 중의 나무이신 예수 그리스도 아래로 오라고 할 것이다.

- 왜, 하나님은 만물을 지으시고 그 안에 당신을 알만한 것을 담아 놓으셨을까요?
- 나의 존재 안에는 무엇이 담아져 있습니까?
- 느티나무처럼 오래(?) 산다면 어떻게 살고 싶습니까? 나무처럼 살 수 있을까요?

한 줄 기도

머문 곳에서는 나무처럼, 움직이는 곳에서는 새처럼 바람처럼, 언제 어디서나 하나님의 피조물로, 얼마를 살든 느티나무처럼 살게 하소서.

나무들은/ 난 대로가 그냥 집 한 채/ 새들이나 벌레들만이 거기/ 깃들인다고 사람들은 생각하면서/ 까맣게 모른다. 자기들이 실은/ 얼마나 나무에 깃들여 사는지를! (정현종, '나무에 깃들여')

_ 백영기(쌍샘자연교회 목사)

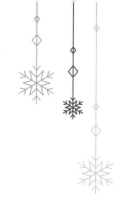

숨어계신 하나님이 만유의 주재이시다

다니엘 4:10-12

¹⁰ 내가 침상에서 나의 머리속으로 받은 환상이 이러하니라. 내가 본즉 땅의 중앙에 한 나무가 있는 것을 보았는데 높이가 높더니 ¹¹ 그 나무가 자라서 견고하여지고 그 높이는 하늘에 닿았으니 그 모양이 땅끝에서도 보이겠고 ¹² 그 잎사귀는 아름답고 그 열매는 많아서 만민의 먹을 것이 될 만하고 들짐승이 그 그늘에 있으며 공중에 나는 새는 그 가지에 깃들이고 육체를 가진 모든 것이 거기에서 먹을 것을 얻더라

묵상 글

바벨론의 왕 느부갓네살이 다니엘에게 해몽을 부탁한다. 꿈의 내용은 이렇다. 푸르름이 이를 데 없는 아름드리나무가 하늘 높이 솟아 있다. 푸른 가지는 온갖 생명에 쉼을 제공하고, 결

실한 열매는 생물들을 먹이고도 남을 만큼 풍족하다(단 4:10-12). 그러나 이 꿈 이야기는 이제부터 악몽으로 치닫는다. 하늘에서 내려온 어떤 이가 그 나무를 단칼에 자르더니 가지와 잎사귀를 꺾고 열매를 헤집어 거기서 쉬던 모든 생명을 쫓아버린다. 밑동만 앙상하게 남은 나무는 쇠와 놋 줄로 동인 채 들풀 한가운데 내팽개쳐진다(단 4:13-15).

꿈에서 깨어 번민하는 왕에게 다니엘이 풀이해주는데, 아름드리 나무는 온 세상 권력을 손에 쥔 느부갓네살 왕이고, 하늘에서 내려와 나무를 베어버린 이는 하나님이시다. 세상 사람 눈에 권력을 쥔 땅의 왕이 세상을 통치하는 것처럼 보이지만, 실은 '숨어계신 하나님이 만유의 주재이시다'라는 것을 왕에게 들려준다.

다니엘의 꿈풀이는 고대 전설로 넘길 일이 아니다. 우리도 늘 눈에 보이는 것, 감각적인 것에 현혹되고, 굽신거리며 산다. 그러나 성경의 진리는 우리에게 보이는 세계 저편으로, 우리의 감각 저편으로 끌어당긴다. 땅이 아니라 하늘로, 강한 자가 아니라 약한 자에게, 큰 것이 아니라 작은 것에게, 특별한 시간이 아니라 일상으로.

오늘 성경 본문을 읽으면서도 우리는 큰 나무, 푸른 잎, 빛나는 결실에 관심을 두고, 밑동만 남은 그루터기엔 마음을 두지 않는다. 그러나 놀라운 사실은 우리 생각 밖으로 팽개쳐진 저 앙상한 그루터기가 하나님이 이루실 새 창조의 중심이라는 점이다. 하나님은 늘 이런 식으로 우리의 생각을 역전시키신다. 그분 앞에선 약한 게 강한 것이고, 미련한 것이 지혜로운 것이며, 죽음은 생명이다. '십자가가 하나님의 능력'이라고 고백했던 바울의 말이 바로 이것이다(고전 1:18-2:5).

잘 여문 석류를 떠올려본다. 영롱하게 붉은빛 감도는 씨앗이 껍질을 벌리며 보는 이의 침샘을 자극한다. 고대로부터 석류는 보이는 모습 그대로 풍성함, 원숙함, 다산을 상징했다. 그런데 고대 그리스인들은 이런 석류에 전혀 예상치 못한 한 가지 의미를 덧붙였는데, '어리석음'이라는 나무말을 달아놓았다. '눈에 보이는 게 다가 아니다'라는 옛사람의 깨달음이다. 하나님의 백성이 이 땅을 살아갈 때도 이런 자세가 필요하다. 눈에 보이는 게 전부가 아니라, 우리 가운데 숨어계신 하나님이 참으로 우리의 주재이시다.

묵상을 위한 질문

- 보이지 않는 하나님을 발견할 수 있는 곳은 어디일까?
- 석류와 나를 비교해 볼 때 닮은 점은 무엇일까?
- 그리스도의 십자가가 나에겐 어떤 의미인가?

주님, 당신께서는 보이지 않는 곳에서도 우리와 동행하십니다. 소소한 일상 속에서 당신을 발견하며, 체험하며, 당신의 뜻을 따라 살게 하소서. 아멘.

_ 최주훈(중앙루터교회 목사)

볼품없는 쥐똥나무조차도

이사야 53:2

그는 주 앞에서 자라나기를 연한 순 같고 마른 땅에서 나온 뿌리 같아서 고운 모양도 없고 풍채도 없은즉 우리가 보기에 흠모할 만한 아름다운 것이 없도다

묵상 글

하나님의 아들 예수 그리스도는 연한 순 같고 연약하고 마른 땅에서 나온 뿌리 같아 보잘것없고 모양도 풍채도 볼품이 없는 모습으로 오셨다. 이 땅에 오신 예수 그리스도는 외양으로 볼 때 흠모할 만하거나 아름다운 것이 없어 세상 사람들에게 존경과 인정을 받지 못하셨다. 우리 주 예수님은 영광과 위엄을 갖춘 세상의 왕으로 이 땅에 오시지 않고 여리고 볼품없는 모습으로 오시었다. 낮은 자의 모습으로 겸손한 자의 모습으로 오시었다. 그

러기에 왕으로 오실 메시아를 기다리던 세상 사람들에게 환영을 받지 못하셨다.

이 말씀을 묵상할 때 쥐똥나무가 생각난다. 쥐똥나무는 다른 나무에 비해 볼품이 없다. 키 낮은 관목으로, 울타리로 많이 심어져 1년에 서너 차례 줄기와 가지를 잘라내는 고통을 겪는다. 잎과 꽃도 여리고 작아서 눈에 띄지 않는다. 이름조차 '쥐똥나무'라 불리며 사람들의 관심을 끌지 못한다. 하지만 쥐똥나무는 남들이 눈여겨보지 않더라도 제 할 일을 한다. 아름다운 꽃을 피워 달콤한 향기를 내뿜어 준다. 자기 몸이 잘리면서도 잔가지를 수없이 만들어 단단한 울타리가 되어 준다. 쥐똥처럼 생겼다고 흉보는데도 열매를 차 대용으로 내어 주기도 한다.

하나님께서 창조하신 피조물 중에서 하나님 마음에 꼭 맞는 피조물이 누구일까를 생각해 본다. 아무래도 나무 같다. 나무는 한평생 주어진 자리를 지키며 자기 본분을 다한다. 나무는 하늘 향해 기도드리는 손을 내리지 않는다. 나무는 제 몸까지도 아낌없이 내어 준다. 나무 중에서도 볼품없는 쥐똥나무조차도….

묵 상 을 위 한 질 문
• 왜, 예수님께서는 연약하고 보잘것없는 모습으로 이 땅에 오셨을까요?

- 쥐똥나무와 예수님의 닮은 점은 무엇일까요?
- 쥐똥나무에서 배울 수 있는 지혜는 무엇일까요?

한 줄 기 도

- 낮은 자의 모습으로 오신 예수님을 맞아 드리게 하옵소서.
- 쥐똥나무처럼 낮은 모습으로 그리스도의 향기를 전하며 살게 하여 주옵소서.

_조연환 장로(전 산림청장)

뿌리를 내리고

골로새서 2:6-7

6 그러므로 너희가 그리스도 예수를 주로 받았으니 그 안에서 행하되 7 그 안에 뿌리를 박으며 세움을 받아 교훈을 받은 대로 믿음에 굳게 서서 감사함을 넘치게 하라

묵 상 글

코로나바이러스 19와 함께 보내면서, 예년에 비해 텃밭을 자주 찾게 되었다. 이러저러한 활동과 만남이 어렵게 되었고, 일상의 빈 시간이 생기게 되었기 때문이다. 텃밭을 찾게 되면 온갖 자연의 은총을 새롭게 발견하고 안식을 누리게 된다. 탁 트인 공간에서 따뜻한 햇살과 바람, 춤추는 나무들과 다양한 새들의 소리가 어우러져, 잠시나마 몸과 마음의 평안을 찾는다. 올해 처음으로 감자 농사를 지었다. 흙을 모아 두둑을 만들고, 씨감자를

심었다. 상당한 기간 아무런 변화가 없어 걱정했는데, 어느 날 연초록의 싹이 흙 속에서 솟구쳐 나왔다. 그리고 무럭무럭 자라났고 아름다운 꽃까지 피우고 마침내 풍성한 수확까지 맺을 수 있었다. 조심스레 두렁을 파헤치니, 수많은 잔뿌리가 모습을 드러내며, 그 가운데 진주처럼 빛나는 뽀얀 감자들을 만날 수 있었다. 오랜 시간 흙 속에서 뿌리를 통해 충분한 자양분을 받으며, 고요하게 수행하며, 자기 몸을 잘 키워서 마침내 생명의 양식으로 자신을 드러낸 것이다.

예수 그리스도는 생명의 근원이신 창조주 하나님께 존재의 뿌리를 온전히 내리고, 온전히 자라나, 자신을 온 세상을 위한 생명의 양식으로 내어 주신 분이다. 그분을 주님으로 받아들이고 믿고 따르는 이들은, 이러한 모범을 본받고 따라 사는 사람들이다. 성삼위 하나님께 굳건히 뿌리내리고, 주님과의 친교 속에서 하늘의 생명과 평화의 기운을 받아서, 자신의 삶을 풍요롭게 살아간다. 그리고 마침내 주님을 따라 자신의 삶을 생명의 양식으로 기쁘게 내어놓는 사람들이 참된 그리스도인이다. 아까시나무는 강한 생명력으로 척박한 땅에서도 잘 자라난다. 풍성한 꽃과 향기, 게다가 감미로운 꿀까지 내어 주며, 귀한 목재로도 자신의 몸을 내어 주는 나무다. 주님께 든든히 뿌리내린 그리스도인의 강한 생명력과 풍성한 삶의 결실들 그리고 세상을 향한 아름다운 헌신과 봉사를 생각나게 하는 나무가 아까시나무다.

묵상을 위한 질문

- '주님께 더욱 깊이 든든히 뿌리 내리는 삶'은 나에게 어떤 의미로 다가오는가? 그리고 일상의 삶 속에서 어떻게 구체적 모습으로 드러날 수 있는가?

한 줄 기도

주님께 더욱 든든히 뿌리 내려, 풍성한 생명을 누리며, 생명의 양식으로 쓰임 받게 하소서.

_ 이진권(새봄교회 목사, 평화영성센터 품)

대림 2주

예수 그리스도와 창조 세계

골로새서 3:11

··· 오직 그리스도는 만유시요 만유 안에 계시니라

but Christ is all, and is in all

골로새서 1:17

또한 그가 만물보다 먼저 계시고 만물이 그 안에 함께 섰느니라

He is before all things, and in him all things hold together.

요한복음 1:2-3

그가 태초에 하나님과 함께 계셨고, 만물이 그로 말미암아 지은 바 되었

으니 지은 것이 하나도 그가 없이는 된 것이 없느니라

He was with God in the beginning. Through him all things were made;

without him nothing was made that has been made.

그리스도는 하나님의 로고스로서 우주 만물을 지탱하는 중보적 역할을 하셨고 마침내 십자가 위에서 총체적 국면전환, 원상태로 돌려놓으신 분이다. 전 우주가 그의 풍요로움에 동참하고 있다. 그래서 그분 안에서 만물이 회복된다(이레니우스).

말씀이요 지혜인 그리스도는 모든 피조물에 내재한다. 그리스도의 편재와 구원은 온 세상에 이뤄져 "그리스도는 모든 곳에 계시며 모든 곳에 임재한다"(오리겐).

"그리스도의 몸은 궁극적으로 우주다. 그렇지 않다면 육화도, 구속도 불완전하다. 이 친교 체험은 어려운 미래를 향해 삶을 투신하는데 필요한 에너지를 제공해 줄, 참으로 활력을 일으키는 체험, 황홀한 체험이다"(토마스 베리).

창조주 하나님께 드리는 한 줄 기도 쓰기

- -

- -

- -

- -

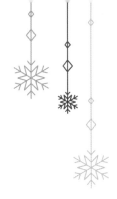

나를 지탱하는 생명의 근원

로마서 11:17-18

[17] 또 한 가지 얼마가 꺾이었는데 돌감람나무인 네가 그들 중에 접붙임이 되어 참감람나무 뿌리의 진액을 함께 받는 자가 되었은즉 [18] 그 가지들을 향하여 자랑하지 말라 자랑할지라도 네가 뿌리를 보전하는 것이 아니요, 뿌리가 너를 보전하는 것이니라.

묵 상 글

'평생을 살아도 오직 한 자리, 밝은 세상 소식은 바람께 듣고… 나무야 나무야 겨울 나무야'라는 노랫말로 시작되는 '겨울 나무' 노래 가사의 한 구절입니다. 올리브 나무는 수천 년 동안 이스라엘 민족과 함께해 온 나무입니다. 올리브 나무는 성경에서 자주 평화, 승리, 자유, 질서, 희망의 상징으로 등장합니다. 올리브 나무는 예수님께서 예루살렘에 입성하실 때, 사람들이 그

가지를 흔들며 환호하였던 나무입니다. 이스라엘 사람들에게 올리브 나무는 이스라엘을 향한 하나님의 변치 않는 사랑과 우정의 상징처럼 늘 함께하는 나무였습니다. 토양에 대부분이 석회암인 이스라엘에서 사람들은 올리브기름과 열매를 먹어서 물에 있는 석회질을 씻어 내어 자신들의 생명과 건강을 지킬 수 있었습니다. 그런 점에서 올리브 나무는 이스라엘의 건강과 생명을 지켜주는 상징이기도 하였습니다.

하지만 우리는 자주 우리를 근원적으로 지탱하고 있는 뿌리의 존재를 망각하기도 하고, 생명의 근원을 잊은 채 눈에 보이는 현실과 현상에 매달려 그것이 전체인 양 착각하고 살아갑니다. 오늘 말씀은 나를 지탱하여 준 변치 않은 사랑과 우정을 생각나게 합니다. 건강과 생명을 지켜준 손길들을 생각나게 합니다. 그 우정과 손길들 뒤에 늘 한결같이 함께하신 하나님의 임재를 묵상하게 합니다. 간절한 마음으로 변치 않을 우정을 갈망해 본 사람은 압니다. 간절한 마음으로 생명의 근원을 찾아본 사람은 압니다. 변치 않는 우정과 사랑이 어디에서 오는지, 우리의 생명과 존재가 어디에 의존하고 있는지….

묵상을 위한 질문

- 지금 당신 삶에서 올리브 나무처럼 당신과 함께하며 생명을 주고 있는 사람이나 관계를 생각할 때 떠오르는 사람이 있습니까?
- 그 관계나 사람들 속에서 하나님은 당신과 어떻게 함께하시고 있습니까?

한 줄 기도

진정한 벗으로, 든든한 바위로 늘 함께하시는 나무 하나님, 제가 오늘도 뿌리에 저를 적시고 살아갈 수 있도록 도와주소서.

_ 김홍일(한국샬렘영성훈련원 운영위원장)

십자가

갈라디아서 3:13

그리스도께서 우리를 위하여 저주를 받은 바 되사 율법의 저주에서 우리를 속량하셨으니 기록된바 나무에 달린 자마다 저주 아래에 있는 자라 하였음이라.

묵상 글

갈 3:13 말씀은 갈 2:15부터 이어지는 율법과 믿음이라는 말씀의 맥락 속에서 읽어야 이해가 쉽습니다. 그 맥락 안에서 오늘의 말씀을 요약하자면 '그리스도께서 십자가에 죽으심으로 우리를 구원해 주셨다'입니다. 구원의 은총, 그 핵심이 무엇일까요? 우리가 구원받았다는 사실은 무엇으로 알 수 있을까요?

바울에 의하면 우리도 같이 그리스도와 함께 십자가에 못 박히는 것입니다. "나는 율법 앞에서는 이미 율법으로 말미암아 죽었습니다. 그것은 내가 하나님 앞에서 살려고 하는 것입니다. 나는 그리스도와 함께 십자가에 못 박혔습니다. 이제 사는 것은 내가 아닙니다. 그리스도께서 내 안에서 사시는 것입니다"(갈 2:19-20).

전승에 의하며 예수님이 십자가에 못 박힐 때 쓰인 나무가 산딸나무라고 합니다. 산딸나무의 꽃도 십자 모양이어서 기독교인들에게 각별한 의미를 줍니다. 산딸나무의 꽃말 역시 희생(또는 견고)입니다. 산딸나무는 5-10m 정도의 높이를 가진 층층나무과에 속한 낙엽활엽교목으로, 매년 봄이 되면 잎이 나고, 그 잎 위에 흰색의 십자 모양의 꽃이 피고, 가을이 되면 딸기 비슷한 빨간 열매를 맺고, 단풍이 진 후 잎이 다 떨어집니다. 매년 죽음이 있고 다음 해에는 새로운 삶이 있습니다.

이 시간 산딸나무로 만들어진 십자가 위에 계신 예수님을 기도 속에서 상상해 보겠습니다. 골고다 언덕 위에 잿빛의 견고한 산딸나무 줄기로 만들어진 십자가에 예수님이 못 박혀 계십니다. 당신이 예수님 옆에 같이 십자가에 달린 두 사람 중의 한 명이라고 상상해 보십시오. 십자가에 달려 죽기를 거부하는 자신을 알아차린다면, 당신의 두 손에 못을 박고, "아버지, 내 영혼을 아버지 손에 맡깁니다"라고 기도해 보십시오.

• 그리스도와 함께 십자가에 못 박히셨습니까? 무슨 일이 일어났습니까? 십자가에서 죽은 것은 무엇입니까?

한 줄 기도

옛사람이 죽고, 하나님과 '하나'이시고 모든 창조물과 '하나'이신, 그리스도가 저의 참주인으로 살게 하소서.

_ 서애란(목사)

쉼과 숨을 주는 은혜

창세기 18:1-2

¹ 여호와께서 마므레의 상수리나무들이 있는 곳에서 아브라함에게 나타나시니라 날이 뜨거울 때에 그가 장막 문에 앉아 있다가 ² 눈을 들어 본즉 사람 셋이 맞은편에 서 있는지라 그가 그들을 보자 곧 장막 문에서 달려 나가 영접하며 몸을 땅에 굽혀….

묵 상 글

낯선 이들을 환대하는 아브라함은 상수리나무가 있는 곳에서 하나님을 대면합니다. 모세는 떨기나무 앞에서 하나님을 뵈었는데, 아브라함도 나무 주변에서 하나님을 뵙니다. 아브라함이 가나안 땅에서 처음 하나님을 대면한 곳도 상수리나무 아래입니다. 상수리나무는 크고 넓은 가지로 널찍한 그늘을 제공한다고 합니다. 사람들이 쉴만한 장소, 모임의 장소를 제공합니다.

사람만이 아니겠죠. 동물들에게도 그러할 겁니다. 쉼과 더불어 상수리나무는 소나무보다 산소를 더 많이 공급한다고 합니다. 태초에 하나님께서 호흡으로 아담을 일으켜 세우신 것처럼 그 나무는 상쾌한 숨을 우리에게 허락하며 생명의 토대가 됩니다. 쉼과 숨을 주는 상수리나무는 도토리도 줍니다. 도토리로 야생동물을 먹여 살리는 생명의 원천이기도 합니다. 반달곰이 일본 도심에 출몰하는 이유 그리고 우리나라에 멧돼지가 자주 민가로 내려오는 이유도 먹을 도토리가 부족하기 때문이라고 합니다. 도토리나무와 초기 인류의 정착지가 거의 일치한다고도 하구요. 그래서 상수리나무는 한없는 은혜를 베푸시는 하나님 모습을 닮았습니다. 쉼, 숨 그리고 먹거리까지 아낌없이 그리고 넉넉하게 주기 때문입니다. 작은 도토리를 볼 때, 혹은 상수리나무를 지나칠 때 하나님의 넉넉한 은혜를 깨닫는 동시에 서식지를 벗어날 수밖에 없는 많은 야생동물의 간절함을 느끼면 좋겠습니다.

묵상을 위한 질문

- 왜 하나님께서는 상수리나무에서 아브라함에게 나타나셨을까요?
- 낯선 이들을 맞이하는 아브라함과 상수리나무의 공통점은

무엇일까요?

한 줄 기도

- 상수리나무처럼 쉼, 숨, 먹거리를 넉넉히 나눌 수 있는 삶
  이 되게 하소서.
- 인간의 욕심을 줄여주셔서 야생동물들이 안전한 터전에서
  살아가게 하소서.

_ 곽호철(목사, 연세대학교 교수, 기독교환경교육센터 교육연구소살림 소장)

떨기나무를 통해 말씀하시는 하나님

출애굽기 3:2-5

² 여호와의 사자가 떨기나무 가운데로부터 나오는 불꽃 안에서 그에게 나타나시니라 그가 보니 떨기나무에 불이 붙었으나 그 떨기나무가 사라지지 아니하는지라 ³ 이에 모세가 이르되 내가 돌이켜 가서 이 큰 광경을 보리라 떨기나무가 어찌하여 타지 아니하는고 하니 그 때에 ⁴ 여호와께서 그가 보려고 돌이켜 오는 것을 보신지라 하나님이 떨기나무 가운데서 그를 불러 이르시되 모세야 모세야 하시매 그가 이르되 내가 여기 있나이다.

묵상 글

성경에서 하나님은 자신의 모습을 좀처럼 우리에게 보여주지 않으시는 분으로 그려진다. 그런데 유독 출애굽기 3장에서 하나님은 떨기나무의 불꽃 가운데 자신을 드러내신다. 물론 어떤 구체적인 형상으로 나타내지는 않으셨다. 그럼에도 하나님이 불과 나무를 사용하여 모세에게 메시지를 주신 점은 주목할 만하다. 떨기나무는 당시 모세가 지내던 지역에서 흔히 볼 수 있던 키 작은 가시덤불 나무이다. 더러 키 큰 가시나무라는 해석도 있지만, 그 지역에 자생하던 흔한 나무였음은 분명해 보인다. 광야와 같이 일교차가 크고 물이 부족한 환경에서 살아가는 떨기나무는 낮 동안에 작열하는 태양과 땅에서 올라오는 열기에 타거나 시들다가 해가 지거나 비를 맞으면 겨우 다시 살아나는 생사의 고비를 일상적으로 경험할 수밖에 없다. 그래서 노예 생활 중이던 히브리인들의 비참한 삶이 떨기나무에 비유되기도 한다. 아무도 알아주지 않는 존재, 있으나 마나 한 존재, 소멸할 것처럼 보이지만 끈질기게 살아가는 그들의 삶처럼 말이다.

하지만 그 떨기나무를 통해 하나님은 자신을 드러내셨고, 하나님의 불에 그 나무는 전혀 상하지 않았다. 연약한 떨기나무를 통해 하나님은 모세를 부르시고 그에게 사명을 주셨다. 그렇다면 지금 하나님은 우리에게 어떻게 말씀하고 계시는가? 떨기나무를 통해 모세를 부르시고 그에게 말씀하신 하나님은 지금도 우리 주변의 약하고 일상적인 것들을 통해 우리에게 말씀하신다. 소멸해가는 생물들을 통해, 황폐해지는 땅과 바다를 통해 그리고 서서히 파괴되어 가는 이웃의 몸을 통해 우리에게 말씀하신다. 다만 하나님이 모세에게는 다른 생명을 해하지 않는 방식으로 자신을 드러내신 것과 달리, 지금 우리에게 하나님은 우리가 파괴하고 불태워 황폐해진 자연을 통해 말씀하고 계신다. 그러나 모세는 불에 타지 않는 떨기나무를 보고 이상하게 여기고 그것에 다가가 하나님을 만났지만, 우리는 이 황폐해져 가는 땅과 바다, 숲과 들판을 보면서도 그것에 별 관심을 두지 않는다. 그래서 우리는 일상적으로 우리에게 들려오는 하나님의 음성을 듣지도 못하고, 우리를 위한 부르심과 소명을 발견하지도 못하고 있는 것은 아닐까?

- 하나님이 우리에게 말씀하시는 수단이 반드시 영적이거나 비물질적이어야 할까요?
- 우리 주변의 일상적인 사물들을 통해, 특히 다른 피조물을 통해 하나님을 경험할 수 있을까요?

한 줄 기 도

주님, 일상적인 것을 통해 들려오는 하나님의 음성을 우리가 간과하지 않게 하소서.

_ 김신영(기독교환경교육센터 교육연구소살림 부소장)

자기 나눔

누가복음 19:1-4

¹ 예수께서 여리고로 들어가 지나가시더라 ² 삭개오라 이름하는 자가 있으니 세리장이요 또한 부자라 ³ 그가 예수께서 어떠한 사람인가 하여 보고자 하되 키가 작고 사람이 많아 할 수 없어 ⁴ 앞으로 달려가서 보기 위하여 돌무화과나무에 올라가니 이는 예수께서 그리로 지나가시게 됨이러라

묵 상 글

단신이었던 삭개오가 예수를 보기 위해서는 많은 인파를 뚫고 들어가야만 했다. 하지만 그러기에는 버거웠고, 삭개오를 도와줄 사람도 없었다. 유대인들이 손가락질하는 직업을 가진 탓이다. 식민지 백성들이 제 땅에서 유배당한 사람이라고 한다면, 세리장이었던 삭개오는 그런 사람들에게마저 유배당한 사람이

었다. 이중으로 유배당한 삭개오는 예수를 보고 싶은 간절한 갈망으로 예수가 지나가는 길 근처의 돌무화과나무로 올라간다.

성경 시대의 돌무화과나무는 사람을 배치해 돌볼 정도로(대상 27:28) 귀한 나무였다. 궁전과 성전 내부 장식을 하는 향백나무에 비해 가벼워 목재로 많이 사용되었다. 고대에는 열매도 많이 먹었다고 한다. 모양이나 맛이 무화과와 비슷하나 크기가 작고 당도가 낮아 돌무화과라 불렸다. 그리고 열매가 익기 전에 일일이 구멍을 내주지 않으면 열매들이 떨어져 관리가 어려웠다. 돌무화과나무는 10~13m 정도로 크게 자라는 나무였지만, 나무 밑에 쪽에서부터 가지가 나 있어서 키 작은 사람들도 쉽게 올라갈 수 있었다.

길가에 자란 돌무화과나무를 보고 올라간 삭개오의 이야기가 어떻게 전개되는지는 모두 잘 알고 있을 것이다. 높이 자라면서도 누구나 쉽게 올라갈 수 있는 돌무화과나무는 예수님을 보고 싶은 간절한 마음을 가지고 있던 삭개오에게 자신을 빌려준다. 돌무화과나무의 자기 나눔은 한 사람의 인생을 변화시키는 중요한 도구가 되었다.

묵상을 위한 질문

- 삭개오와 같이 자신을 도와줄 사람이 없을 때 자연을 통해

도움을 받은 적이 있는가?

• 돌무화과나무와 같이 나눔을 할 수 있는 어떤 것이 나에게
  있는가?

돌무화과나무처럼 내가 가진 것을 나누는 삶을 살게 도와주
십시오.

_ 김오성(목사, 한국샬렘영성훈련원)

하나님 손길에 감촉된 사람

시편 1:1-3

1 복 있는 사람은 악인들의 꾀를 따르지 아니하며 죄인들의 길에 서지 아니하며 오만한 자들의 자리에 앉지 아니하고 2 오직 여호와의 율법을 즐거워하여 그의 율법을 주야로 묵상하는도다 3 그는 시냇가에 심은 나무가 철을 따라 열매를 맺으며 그 잎사귀가 마르지 아니함 같으니 그가 하는 모든 일이 다 형통하리로다

묵상 글

복 있는 사람은 하나님의 손길에 감촉된 사람이다. 사람은 하나님의 손길에 감촉될 때만 최선의 상태, 가장 맞춤한 상태에 있을 수 있고, 하나님이 품부(稟賦)해주신 자기만의 광채와 아름다움을 표출하며 자기 삶터를 환히 밝힐 수 있다. 하나님의 손길에 감촉되지 않고는 사람이 짐벙진 삶을 영위할 길이 없다. 사람이

하나님의 손길에 감촉되는 데 필요한 구멍수가 있다. 그것은 악과 죄와 오만함을 멀리하고, 하나님의 말씀을 늘 가까이하는 것이다.

'복 있는 사람' 하면, 가장 맞춤한 상태인 '시냇가' 혹은 '강가'에서 자라는 '미루나무'가 떠오른다. 하늘에 닿을 듯 높이 우람하게 솟아올라 어디서나 눈에 띄고, 기름을 두른 듯 윤기 나는 잎사귀로 빛살을 사방팔방 튕겨 보내고, 약간의 바람만 불어 들어도 잎사귀로 경쾌하고 명랑한 소리를 내는 미루나무! 미루나무는 영락없이 하나님의 손길에 감촉된 사람을 닮았다. 땅속 깊이 뿌리를 벋는 그 모습은 한계를 모른 채 근원으로 뿌리를 벋으려고 하는 사람의 꿈틀거림을 연상케 하고, 하늘 높이 가지를 뻗는 그 힘찬 모습은 끝을 모른 채 성장하려고 하는 사람, 하나님께로 줄기차게 발돋움하려고 하는 사람의 열망을 생각하게 한다. 미루나무는 '영적인 성장에는 끝이 없다, 하나님의 손길에 감촉된 사람의 성장 능력은 다함이 없다라고 말하는 것만 같다.

사람의 가장 맞춤한 상태는 영적 성장에 그 본질이 있다. 그러하기에 하나님의 손길에 감촉된 사람은 제 우듬지를 스스로 잘라낼 줄 모른다. 악과 죄와 오만함을 멀리하고, 그저 말씀을 통해 뻗어오시는 하나님의 손길에 직수긋이 응종(應從)하여 자라고 또 자랄 뿐이다, 시냇가에서 자라는 미루나무처럼.

묵상을 위한 질문
- 나는 지금 하나님의 손길에 감촉되고 있는가?
- 나는 지금 내 우듬지를 잘라내는 길에 서 있지는 않은가?

한 줄 기도
하나님의 손길에 감촉되는 길을 어기차게 걸으면서, 그 손길이 나를 늘 어루만지고 있음을 잊지 않게 하소서!

_ 김순현(갈릴리교회 목사)

성경 속 나무로 느끼는 하나님의 현존

대림 3주

성령님과 창조 세계

창세기 1:2

하나님의 영은 수면 위에 운행하시니라

시편 33:6

여호와의 말씀으로 하늘이 지음이 되었으며 그 만상을 그의 입 기운으로 이루었도다

시편 104:30

주의 영을 보내시어 그들을 창조하사 지면을 새롭게 하시나이다

욥기 26:13

그 입김으로 하늘을 맑게 하시고…

지혜 1:7

온 세상에 충만한 주님의 영

"자비에 대한 온전한 이해는 모든 생명이 상호 의존한다는 예리한 인식에 뿌리박고 있습니다. 모든 생명은 서로의 일부이며, 서로 연결되어 있습니다"(T. Merton).

"세상의 모든 목숨은 희생 없이는 살아갈 수 없다. 어머니와 아버지는 자식을 위해 온몸을 희생하고, 그 자식은 또 그 자식을 위해 희생하기 때문에 인간의 역사가 이어져 왔다. 어머니 아버지의 희생만이 아니라 우리가 먹고 있는 모든 먹을거리는 자연에서 얻는다. 공기로 숨을 쉬고 물을 마시고 온갖 동식물을 잡아먹고 산다. 결국 우리 몸속에는 온갖 것이 다 들어와서 살이 되고 피가 되어 움직인다. 내가 사는 것이 아니라 자연이 함께 내 몸속에서 살고 있다. 그러니 나는 자연의 일부이며 또한 하느님의 한 부분이기도 하다. 예수님이 이 사람들 속에 내가 있고 내속에 하느님이 계신다고 하신 것은, 백번 옳은 말씀이다"(권정생, 우리들의 하느님, 28).

창조주 하나님께 드리는 한 줄 기도 쓰기

종려나무와 백향목처럼

시편 92:12-15

¹² 의인은 종려나무 같이 번성하며 레바논의 백향목 같이 성장하리로다 ¹³ 이는 여호와의 집에 심겼음이여 우리 하나님의 뜰 안에서 번성하리로다 ¹⁴ 그는 늙어도 여전히 결실하며 진액이 풍족하고 빛이 청청하니 ¹⁵ 여호와의 정직하심과 나의 바위 되심과 그에게는 불의가 없음이 선포되리로다

묵 상 글

의인은 여호와의 정직하심과 불의가 없음을 나타냅니다. 그것은 악인과 대비하여 의인의 결말을 통해 드러납니다. 시인은 악인이 흥왕하는 것을 보고 내적으로 고민하였습니다. 그러나 그는 '악인은 풀같이 생장하지만… 영원히 멸망할 것이다'(7절)라는 사실과 의인은 종려나무와 백향목 같음을 알고 찬양의 목

소리로 바꿉니다.

이야기학교는 의정부에 밭을 빌려 농사를 짓고 있습니다. 놀려둔 땅을 빌려 농사짓기 시작할 때 폐기물이 많았습니다. 한 해한 해 거름을 붓고 농약을 사용하지 않자 생명체들이 살기 좋은 터전이 되었습니다. 작물에 좋은 밭은 풀에도 좋은 땅입니다. 여름 두 달 찾지 않다가 다시 가보면 아이들 키만큼 자란 풀이 제세상인 듯 밭에 가득합니다. 어찌나 빨리 자라는지 밭 주인 행세를 합니다. 하지만 풀의 결말은 정해져 있습니다.

이스라엘에서 노란 대추야자 열매가 주렁주렁한 모습을 본일이 있습니다. 그것이 종려나무입니다. 종려나무는 영광, 기쁨과 승리를 상징합니다. 종려나무는 아주 번성하는 나무입니다. 종려나무는 뿌리만 살아있으면 다시 싹이 나고 자랄 만큼 생명력도 강합니다. 예수님께서 예루살렘에 들어가실 때 로마의 압제에서 벗어나 승리를 안겨줄 분으로 기대하고 길에 깔고, 손에들고 환영했던 것이 종려나무 가지입니다. 백향목은 힘과 영광을 상징합니다. 다 자라면 40m 높이에 둘레가 10m에 이르러 훌륭한 목재가 됩니다. 다윗과 솔로몬이 궁전과 성전을 지을 때와 제2 성전과 헤롯 성전에도 사용하였습니다.

사람이 노년에도 종려나무와 백향목처럼 사철 푸르고, 진액이 넘치고, 열매를 맺을 수 있다면 얼마나 좋은 인생이겠습니까? 또 백향목처럼 여호와의 성전의 재목이 되고, 종려나무처럼 메시아 예수를 맞이하는 쓰임새라면 영적으로도 얼마나 큰 영광이겠습니까?

그런 삶을 사는 방법은 여호와의 집(구약적 의미로 '성전')에 심기는 것입니다. 하나님의 뜰에 있어야 합니다. 다른 한 편 하나님이 '너희 안에 있다'(마 18:20)라고 하셨으니 그리스도인 공동체 안에 있어야 한다는 의미이기도 합니다. 하나님이 계신 곳은 어디나 하나님의 뜰이 될 것입니다. 그런데 하나님의 뜰에 있다는 것이 몸만 그 안에 있다는 뜻은 아닐 것입니다. 잃어버린 두 아들 비유(눅 15:11-32)에서 보듯 집에 있지만, 집 떠난 아들도 있기 때문입니다. 진정한 의미의 의인은 하나님과 진실한 마음으로 만나고 섬기며, 공동체와 정직한 마음으로 관계 맺으며 살아가는 것입니다. 욕망 따라 떠나지 않고, 여호와의 집에 머무는 사람들이 종려나무와 백향목처럼 여호와의 정직을 드러내고, 청청하게 열매 맺으며 살아갈 것입니다.

묵상을 위한 질문
- 나는 어디에 심겨져 살아가고 있을까요?
- 종려나무와 백향목 같은 삶은 어떤 것일까요?

하나님의 집에 심겨져 노년에도 청청한 종려나무처럼, 늙어도 열매 맺는 백향목처럼 살아가게 하옵소서.

_ 장한섭(이야기학교 교장)

살아있음의 생명력

예레미야서 17:7-8

⁷그러나 무릇 여호와를 의지하며 여호와를 의뢰하는 그 사람은 복을 받을 것이라 ⁸그는 물가에 심어진 나무가 그 뿌리를 강변에 뻗치고 더위가 올지라도 두려워하지 아니하며 그 잎이 청청하며 가무는 해에도 걱정이 없고 결실이 그치지 아니함 같으리라

묵 상 글

봄이 되면 내가 사는 이곳 수원에는 조선 시대 혜경궁 홍씨가 살았던 화성행궁 맞은편으로 길게 늘어선 버드나무들이 연한 녹색으로 거리의 모습을 바꿉니다. 그리고 밝은색 연한 가지들은 어느새 진한 녹색으로 변하며 무성해집니다. 개천가의 버드나무들이 치렁치렁 길어질 때면 생명력을 실감하며, 빨리 깔끔한 여학생 단발머리처럼 다듬어 주고 싶다고 속으로 중얼거렸던 생각도 납니다.

성경 구절에 나온 물가에 심어진 나무들은 버드나무를 연상시키며 친숙하게 느껴집니다. 그 나무가 더위가 올지라도 가물 때에라도 결실이 그치지 아니할 것이라고 하니 사뭇 그 비결이 궁금해집니다. '여호와를 의지하고 여호와를 의뢰하면' 바로 이것이 비결이고, 그렇게 하면 생명력이 강한 나무처럼 '그 뿌리가 뻗치고 잎이 청청하여 결실이 그치지 않는다'라고 성경은 말합니다. 북이스라엘이 멸망한 후 남쪽에 혼자 남은 유다는 강대국 사이에서 힘들게 버티며 때로는 곁길로 나가곤 했습니다. 하나님은 예언자 예레미야를 통해서 유다 백성을 향해 죄에서 돌이켜 회개하고 "여호와를 의지하고 의뢰하라"고 하십니다. 역시 살아있음의 생명력은 즉 생명의 근본적 힘은 하나님에게서 나옵니다. 단순히 목숨을 부지하며 하루하루 삶을 이어가는 것이 아니라, 삶을 이끌어 생명의 충만함에 감사하고 다른 이들의 삶에도 그 풍성한 생명을 함께 나누는 살아있음의 생기는 하나님을 의지하고 의뢰할 때 생기는 것입니다.

버드나무가 우리나라에서뿐 아니라 이스라엘처럼 뜨거운 나라에서도 볼 수 있는 나무인 것을 보니, 생명력이 정말 대단한 것 같습니다. 또한 그 쓰임도 다양하여 19세기 우리나라에서는 버드나무 가지(양지)로 양치질을 하고, 겨울에는 팽이 치는 채찍으로도 사용했다고 합니다. 생명력도 넘치고 쓰임새도 다양한 버드나무 같은 모습을 갖고 생명력을 나누는 것은 하나님과 연결된 삶을 살 때 비로소 가능해지는 일인 것입니다.

묵상을 위한 질문

- 늘 푸르러 청청하고, 또한 그 열매가 그치지 않는 삶을 사는 비결은 무엇일까요?
- 나의 생명의 근원이 하나님이라는 것을 나는 내 삶에서 얼마나 느끼고 있나요?

한 줄 기도

생명 되신 하나님, 때로는 실의, 절망, 좌절과 피로로 힘들지라도 곧 돌이켜 하나님을 의지하고 의뢰하는 지혜를 갖게 하여 주시옵소서. 아멘.

_ 김수연(이화여자대학교 교수)

잎새가 살아있으니,
여기, 인간도 살 수 있겠구나!

창세기 8:11

저녁때에 비둘기가 그에게로 돌아왔는데 그 입에 감람나무 새 잎사귀가

있는지라 이에 노아가 땅에 물이 줄어든 줄을 알았으며

묵 상 글

시인 윤동주는 노래했습니다. "잎새에 이는 바람에도 나는 괴

로워했다." 잎새에 이는 바람 한 올, 한 자락, 그걸 저렇게 예민하

게 느낄 수 있다니! 그러나 그 예민함, 하나님께서 윤 시인에게

만 따로 챙겨주신 능력은 아닐지 모릅니다. 햇볕이 공평하듯 공

기가 공평하듯 바람도 공평합니다. 바람은 사람 곁에서도 바장

이고 잎새 곁에서도 서성댑니다. 하여 바람결 따라 춤추는 잎새

를 향해 "이 바람, 나와 같이 너도 느끼고 있구나!" 하며, 우리는

말 건넬 수 있습니다.

창세기, 노아와 그의 일행은 오랫동안 커다란 배 안에서 살았습니다. 답답했습니다. 이제 나가도 될까 궁금했습니다. 그러나 대홍수로 차올랐던 물이 얼마나 줄어들었는지 도무지 알 수 없으니 무작정 뛰쳐나갈 수 없었습니다. 노아는 시험 삼아 비둘기를 내보냈습니다. 저녁때 비둘기가 올리브(감람)나무 잎새를 입에 물고 돌아왔습니다. 뿌리로부터 수분과 양분을 골고루 받아들여 새롭게 자란 초록빛 올리브 잎을 보고, 노아는 방주 바깥으로 나가도 되겠구나, 확신을 얻었습니다.

생명은 인간에게도 있고 나뭇잎 한 장에도 있습니다. 새 땅에서 새로 돋아나 또렷하게 자라난 올리브나무 잎사귀를 보고 노아는 마음을 정할 수 있었습니다. 여기, 잎새가 살아있으니, 여기, 인간도 살 수 있겠구나! 비둘기가 물고 온 올리브나무 새 잎새 그것은 하나님께서 보여주신 명백한 '생명의 신호(sign)'였습니다.

묵상을 위한 질문

• 눈을 크게 뜨고 귀를 쫑긋 세운 다음, 주위를 천천히 살펴보세요. 생명의 신호가 잘 보이고 잘 들리나요?

생명의 하나님, 오늘 우리도 우리 곁의 생물들과 함께 생명의 신호를 꾸준히 주고받으며 살게 하소서. 아멘.

_ 이인미(성공회대학교 신학연구원 연구위원, 평신도공동체 예람교회 공동설교자)

샘 곁의 무성한 가지

창세기 49:22

요셉은 무성한 가지 곧 샘 곁의 무성한 가지라 그 가지가 담을 넘었도다

묵 상 글

야곱은 인생의 마지막에 아들들을 축복합니다. 그중에 요셉을 향하여 '무성한 가지'라고 말합니다. 그것도 '샘 곁의 무성한 가지'입니다. 물이 귀한 이스라엘 땅에서 샘 곁에 나무가 있다는 것은 축복의 상징입니다. 그래서 이 나무는 무성히 자라 그 가지가 담을 넘었다고 합니다. 앞으로 요셉은 이같이 복을 누리는 사람이 될 것을 말합니다.

이 가지는 담쟁이를 말합니다. 능소화라는 꽃을 피우기도 합니다. 담쟁이의 특징은 자신은 여리다는 것입니다. 스스로는 서지 못하고 주변의 것을 의지하여 자랍니다. 하지만 담쟁이가 자라면 주변에 큰 위로를 줍니다. 무엇보다 뜨거운 햇살을 가릴 수 있는 그늘을 마련해 줍니다. 아마 샘 곁에 이런 담쟁이가 무성히 있다는 것은 그런 이유일 것입니다. 널리 뻗는 가지와 넓은 이파리 덕분에 사람들의 피할 곳을 마련해 줍니다. 사람들은 그 샘에서 맑은 물을 마시며, 담쟁이 그늘에서 쉼을 얻을 것입니다. 그들은 광야를 지나며 지친 몸과 마음을 누이고, 생명의 소생함을 경험하게 될 것입니다.

예수님은 때로 어린양이나 연약한 새순으로 비유됩니다. 그는 세상의 권력 앞에서 무기력해 보이기까지 했습니다. 그리고 끝내 죽기까지 순종하사 십자가에 달려 돌아가셨습니다. 하지만 그 연약함으로 이 세상에 구원을 이루셨습니다. 또 이 인류에 참 평안과 쉼을 이루어주셨습니다. 보좌의 영광을 내려놓고, 이 땅에 가장 낮은 모습으로 찾아오사 우리의 친구가 되어 주셨습니다.

예수님은 연약했지만 샘 곁에 가지처럼 무성했습니다. 그리고 그 가지가 담을 넘어 세상에 쉼을 준 것과 같이 이 땅에 축복이 되어 주셨습니다. 연약한 줄기와 같이 오사 우리를 구원해 주시는 예수님을 기다립니다. 그의 그늘에 오늘도 우리의 영혼을 누입니다.

- 담쟁이의 특성을 생각해 봅니다. 예수님을 이 가지와 비교할 수 있는 부분은 무엇입니까?
- 이 시대에 우리는 예수님에게 구할 것이 무엇입니까?

한 줄 기도

- 샘 곁의 가지와 같은 예수님을 기다리며, 그의 성품을 닮아가게 하소서
- 그의 그늘에서 구원의 기쁨을 그 샘에 길어내며, 그의 위로와 풍성함을 누릴 수 있게 하소서

_ 조성돈(실천신학대학원대학교 교수)

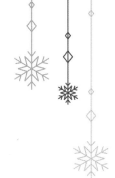

삼위일체 하나님의 팀플레이 (Team Play)

이사야 60:13

레바논의 영광 곧 잣나무와 소나무와 황양목이 함께 네게 이르러 내 거룩한 곳을 아름답게 할 것이며 내가 나의 발 둘 곳을 영화롭게 할 것이라

묵 상 글

창조주께서 땅 위의 식물들과 함께 나무를 창조하실 때의 모습을 떠올려봅니다. 주님께서는 땅에게 "풀과 씨 맺는 채소와 각기 종류대로 씨 가진 열매 맺는 나무를 내라"(창 1:11)고 명하셨고, 땅은 그 명령을 그대로 실행하여 땅에서 자라는 모든 식물과 나무를 만들어 낼 수 있었습니다. 얼핏 보면 땅이 그런 능력이 있는 것처럼 보이지만, 사실 땅도 스스로 존재할 수는 없었던 적이 있었지요. 주께서 땅을 땅이라 칭해주셨을 때 비로소 땅이 생길 수 있게 되었으니까요(창 1:1, 10). 그러므로 땅 위의 식물들과 나무 그리고 이들이 발을 딛고 뿌리를 내리며 살아가는 땅 모두가 그들을 창조하신 창조주께 온전히 의존하고 있음을 깨닫게 됩니다.

한편, 우리가 창조 때의 모습을 떠올릴 때, 기억해야 할 사실이 한 가지 더 있습니다. 그것은 모든 만물을 지으신 그리스도(골 1:16, 롬 11:36, 고전 8:6, 히 1:2)의 존재입니다. 그리스도는 창조주이시며 아버지 되시는 성부 하나님과 함께 모든 피조물을 창조하셨습니다. 하지만, 여기서 끝난다면 한 분이 섭섭하시겠지요? 그분은 성부와 성자와 함께하신 성령 하나님입니다. 하나님의 영, 성령께서는 창조 때에 수면 위에 운행하셨고(창 1:2), 생기로서 사람에게 호흡을 주심과 동시에 생명이 보존될 수 있는 원동력이 되어주셨습니다(창 2:7).

오늘 본문에서 잣나무와 소나무와 황양목이 레바논의 영광이 될 수 있었던 근본적인 이유를 생각해 봅니다. 아마도 그것은 이 나무들을 지으신 삼위일체 하나님이 그것들을 아름답게 고안하셨기 때문이 아닐까요? 또한, 그 나무들이 생명을 '주께서 말씀하신 대로 땅에' 뿌리내리고 살면서, 자신들을 살게 하시고 있게 하신 하나님을 굳게 의존하고 있기 때문이 아니었을까요?

우리를 지으신 그리스도를 오늘도 간절히 기다리며, 딛고 살아가게 하신 땅에 서서 호흡을 다해 주님께 달려가 봅니다. 은혜로 허락하신 믿음 안에서 우리를 지으신 그분을 뵐 때, 우리의 피곤한 육체와 마음과 삶이 그리스도의 빛으로 다시금 새롭게 되길 소망합니다.

묵상을 위한 질문
• 잣나무, 소나무, 황양목과 우리 인간의 공통점에는 '숨을 쉰다'라는 것입니다. '숨을 쉰다' 혹은 (하나님께서) 피조물을 '숨 쉬게 하셨다'는 것에는 어떤 의미가 담겨있을까요?

한 줄 기도
우리 생명의 근원이 되시고, 우리에게 영원한 생명을 주신 주님, 우리를 불쌍히 여겨주시고 더욱 붙들어 주소서!

_ 정찬송(수원성교회 초등부 교육전도사)

생명이 희망이다

욥기 14:7-9

7 나무는 희망이 있나니 찍힐지라도 다시 움이 나서 연한 가지가 끊이지 아니하며 8 그 뿌리가 땅에서 늙고 줄기가 흙에서 죽을지라도 9 물기운에 움이 돋고 가지가 뻗어서 새로 심은 것과 같거니와

묵 상 글

　재난과 고통의 대명사 욥. 그는 하나님께 '의롭다'라고 여김을 받았지만 한 날에 들이닥친 재난에는 속수무책이었습니다. 그의 삶을 안전하게 보호해주던 3중 울타리 곧 재산과 자녀 그리고 건강이 사라졌습니다. 그러나 하나님은 아무런 말씀도 하지 않으셨지요. 이야기에서 사탄이라는 존재가 등장하지만, 욥이 당한 고통의 이유를 설명하기에는 부족한 것이 사실입니다. 또 이미 알고 있는 결말처럼 잃어버린 자녀를 대신하여 새로운 생

명을 얻었다고 하여, 또 하나님의 참 능력과 권능을 경험했다고 해서 그 모든 시간이 괜찮아지고, 좋았다고 할 수는 없습니다. 욥의 고통은 실재였고, 재난의 시간은 너무나 괴로웠습니다.

욥은 차라리 나무를 부러워합니다. 무거운 도끼질에 꺾여도 그루터기는 다시 새로운 움을 밀어 올릴 수 있기 때문입니다. 그런가 하면 노쇠한 줄기가 지쳐 보여도 봄이면 어김없이 새잎을 밀어 올리는 나무에서 욥은 희망을 보았습니다. 마치 부활의 형상을 가리키고 있는 꺾꽂이 생명을 떠올리게 됩니다. 살아 있는 뿌리가 새로운 생명을 잉태하고, 다시 자란 가지가 끊임없이 자라가게 하는 생명. 살아 있다면, 그건 희망입니다. 다만, 다시 살리는 '물기운'으로부터 새로운 생명을 받아야 다시 살 수 있습니다. 땅과 나무를 벗 삼아 살아왔을 욥은 만물의 생명 원리를 꿰뚫어 보았고, 끝까지 그 사실을 붙잡아 마침내 하나님 안에서 단단한 가지를 뻗는 한 그루 나무와 같은 인생이 됩니다.

생명은 가능성이며 희망입니다. 창조 세계를 돌보시는 하나님과 구원의 길이 되시는 예수님의 은혜가 붉은 기운이 되어 우리에게 잇닿는다면, 어떤 생명이라도 새롭게 움을 틔우고 가지를 내는 부활의 삶을 살 수 있습니다. 소설 「페스트」에서 카뮈는 "그분은 우리를 벽으로 밀어붙인다. 사실 우리는 재난이 우리 주위에 세워놓은 벽에 대항해야 한다. 그리고 그 치명적인 그림자

속에서 우리는 구원을 시험해야 한다"고 말합니다. 옳습니다. 참 포도나무이신 주님은 오늘도 우리를 꺾꽂이 생명으로 부르십니다. "네가 상처 입힌 세계, 네게 상처를 입힌 세계, 네 세계를 네 몸같이 사랑하라." 이 소명에 응답하며 영원한 생명을 기다리는 우리 모두, 피조물이 그토록 기다리던 하나님의 자녀들이 되었으면 좋겠습니다. 하나님의 새로운 희망으로서 신음하고 있는 피조 세계의 희망찬 기운이 되기를 기원합니다. 아멘.

묵상을 위한 질문

- 내 삶의 뿌리는 어디에 있나요?
- 욥에게 있었던 하나님에 대한 믿음과 희망(물기운)으로, 이토록 긴 겨울에 어떤 구원을 기다리고 있나요?

한 줄 기도

좋으신 하나님, 죽음의 기운이 둘러싸고 있는 이 긴 겨울 다시 살아나는 생명의 가능성을 기대합니다. 세계를 돌보며, 사랑하는 일에 이 생명을 써주십시오. 아멘.

_ 김인규(다리놓는교회 목사)

대림 4주

이번 주일은 나무 산책을 해봅니다.

자신의 집이나 직장, 교회 인근에서 살아 숨 쉬는 나무에 눈길을 주면서 천천히 기도하는 마음으로 산책을 한 뒤 나무에 대한 글쓰기를 해봅니다.

시로미의 선택

상록 활엽수 중에 시로미가 있다. 진달래목 시로미과에 속하는 관속식물이며, 고산지대의 정상부에 자라는 작은떨기나무로 키는 10~20cm이다. 대표적인 빙하기 잔존식물이다. 우리나라는 한라산 정상부와 백두산과 그 주변 높은 산악지역에 자생한다. 한라산의 경우 지구온난화에 따른 제주조릿대의 범위 확장으로 시로미는 경쟁 관계에 처해 있다. 설화 속 '서불'이 가져갔다는 불로초가 바로 시로미다.

어떻게 뚝 떨어져 같은 종이 백두산과 한라산에 흩어져 살까? 생각해 보면 간단하다. 빙하기가 시작될 무렵 시로미는 추위에 쫓겨 내려오다 서귀포까지 왔다. 그때 제주도는 섬이 아니라 대륙의 끝이었다. 남쪽으로 추위를 피해 내려온 식물들은 한라산을 울타리 삼아 서귀포에 터전을 꾸리고 날이 따뜻해지기만 기다렸다. 그 뒤 8,000년이 지나 기온이 따뜻해지자 시로미 일부가 북쪽으로 옮겨 백두산에 자리 잡았고 일부는 높은 곳으로 올라가 한라산 정상 주위에 몰려들었다.

시로미는 춥고 바람이 세고 눈도 많이 오는 곳을 선택했다.

땅도 척박해 다른 식물은 발붙일 엄두도 못 내던 곳이다. 하지만 지구온난화로 그동안 아래서 호시탐탐 기회를 노리던 식물이 서식지를 치고 올라왔다. 이젠 여름에 온도가 높아지면 시로미의 호흡은 빨라지고, 장기적인 스트레스를 받아 약해진다. 멸종의 길로 들어선 것이다.

높은 곳 한정된 지역에서 자라는 식물은 기후변화에 민감하다. 국가 지정 멸종위기 식물로 등록되었더라도 높은 곳에 산다는 것은 더는 갈 곳이 없다는 의미다. 생명의 본질은 선택에 있다. 기후 위기는 치사량을 넘지 않는 독극물처럼 시로미를 천천히 죽이고 있다. 이제 시로미의 선택은 허공뿐이다.

금세기를 6차 대멸종 시기로 학자들이 보고 있다. 원인은 인간 활동에 의한 것으로 밝혀졌다. 지구온난화, 오존층 파괴, 홍수, 가뭄, 산불로 몸살을 앓고 있다. 고산 극한지대 식물이 제일 먼저 사라지는 것을 보면 인간도 이제 선택해야 한다. 우리의 선택지는 어디인가?

_ 박성율 목사(원주 녹색연합 대표)

지구, 온 생명이 살아 숨 쉬는 하나님의 집

시편 52:8-9

8 그러나 나는 하나님의 집에 있는 푸른 감람나무 같음이여. 하나님의 인자하심을 영원히 의지하리로다 9 주께서 이를 행하셨으므로 내가 영원히 주께 감사하고 주의 이름이 선하시므로 주의 성도 앞에서 내가 주의 이름을 사모하리이다

묵 상 글

성서 속에선 감람나무란 이름으로 더 친숙한 올리브나무가 뿌리 내리고 있는 '하나님의 집', 바로 이 지구는 수많은 생명을 자라게 하고, 서로 어울려 생동하게 하는 에너지가 충만한 곳입니다. 모든 생명은 각자만의 아름다운 모습으로 자라날 수 있도록 돌보는 하나님의 손길에 힘입어 살아갑니다. 시인은 하나님

을 의지하여 푸른 잎 무성하게 자라난 올리브나무를 보며 자신도 이 나무처럼 하나님의 인자하심을 영원히 의지하겠다고 고백하고 있습니다.

이처럼 인간뿐 아니라 지구의 온 생명이 하나님을 의지하여 생명을 지속해나갑니다. 이 세상에 하나님의 은혜에 목숨을 빚지지 않은 생명은 없습니다. 하나님의 집에서 살아가는 우리는 모두 하나님으로부터 '생명'을 선물로 받은 이들이기 때문입니다. 예수님은 가장 작은 생명 하나도 함부로 대하지 않는 분입니다. 지극히 작은 자에게 한 것이 자신에게 한 것과 같다고 말씀하셨으며, 세상이 보잘것없다고 여기는 이들을 귀하게 여기며, 그들과 함께하는 삶을 사셨습니다.

소외된 이들과 함께하신 예수님의 모습이 바닷가 마을 사람들의 곁을 지켜온 팽나무와 참 닮았습니다. 팽나무는 짠물과 바닷바람에도 강하기 때문에 남부지방 해안가 마을의 당산나무는 대다수가 팽나무입니다. 아마 해안가 마을에 뿌리 내린 팽나무는 배 한 척에 몸을 의지하여 변화무쌍한 바다로 나가는 가난한 어부들과 그의 안녕을 간절하게 비는 이들, 이 거친 바다를 삶의 터전으로 삼고 살아가는 이들의 수많은 사연을 품고 있을 겁니다. 어쩌면 그들과 함께하기 위해 짠 내 가득한 거센 바닷바람을 그렇게 오랜 세월 강인하게 버텨내고 있는 건지도 모르겠습니

대림절 생명 살림 묵상집

다. 세상의 가장 작은 이들과 함께하기 위해 고난의 길을 기꺼이 걸었던 예수님처럼 말이지요.

묵상을 위한 질문
- 오늘날 하나님의 집, 이 지구 위의 모든 생명이 위험에 처해 있습니다. 우리는 지구의 지극히 작은 생명을 어떻게 대하고 있나요?

한 줄 기도
주님, 주님을 의지하여 살아가는 수많은 생명을 보게 하소서. 사랑하게 하소서.

_ 임지희(기독교환경교육센터 살림 코디네이터)

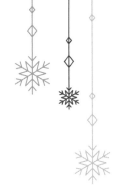

대림 4주 화요일

의의 나무로 오신 예수님

사 61:3

무릇 시온에서 슬퍼하는 자에게 화관을 주어 그 재를 대신하며 기쁨의 기름으로 그 슬픔을 대신하며 찬송의 옷으로 그 근심을 대신하시고 그들이 의의 나무 곧 여호와께서 심으신 그 영광을 나타낼 자라 일컬음을 받게 하려 하심이라

묵 상 글

오늘의 본문은 누가복음에 예수님께서 복음의 역사를 시작하실 때 인용하신 말씀으로 소개한다. 재를 대신하여 기쁨의 기름을 주시고, 슬픔을 대신하여 기쁨의 옷을 주시는 하나님께서 심으신 의의 나무를 생각하면서 '산에서 자라는 아침의 나무'라는 뜻의 산사나무를 묵상한다.

이 나무는 숲속에서 자라는 낙엽교목으로 작은 키 나무이다.

아름다운 꽃과 열매를 지니고 있지만 아주 날카로운 가시를 가지고 있어서 일부에서는 예수 그리스도의 가시면류관으로 사용되었을 식물로 추측하기도 한다. 그리고 '유일한 사랑'이라는 산사나무의 꽃말을 예수 그리스도와 연결해본다.

아일랜드 독서협회상과 프랑스 아동문학상을 수상한『산사나무 아래에서』는 아버지를 찾아 떠나기 전에 어머니는 열병에 걸려 숨진 막내를 산사나무 아래에 묻는다. 산사나무는 이들 가족의 슬픔과 그리움이자 험한 세상을 헤쳐나갈 수 있는 용기를 함축하는 은유이자 상징으로 소개하고 있다.

유럽에서는 산사나무를 'May Flower'로 부르는데 메이플라워란 이름은 우리에게 익숙하다. 1620년 영국 청교도들이 미국으로 이주하려고 승선한 배가 바로 메이플라워였다. 아직도 종식되지 않은 코로나19 상황 속에서 보내고 있는 대림절은 청교도들이 고난 속에서 예수 그리스도와 함께 새로운 땅으로 인도한 '희망'과 '첫 시작'의 산사나무 메이플라워이다.

묵상을 위한 질문

- 슬퍼하는 자에게 주시는 화관과 찬송의 옷은 나에게 어떤 의미로 다가올까요?
- 산사나무에서 발견하는 예수님의 모습은 어떠한가요?

• 산사나무에서 어떤 지혜를 배울 수 있을까요?

희망으로 이 땅에 오신 예수님을 기쁨으로 맞이하게 하옵소서.
산사나무처럼 의의 나무로 오신 예수 그리스도처럼 희망의
사람으로 살아가게 하옵소서.

_ 이혜선 목사(구의교회 부목사)

대림 4주 수요일

비자나무 같은 예수님

호세아 14:5-7

⁵내가 이스라엘에게 이슬과 같으리니 그가 백합화같이 희겠고 레바논 백향목같이 뿌리가 박힐 것이라 ⁶그의 가지는 펴지며 그의 아름다움은 감람나무와 같고 그의 향기는 레바논 백향목 같으리니 ⁷그 그늘 아래에 거주하는 자가 돌아올지라 그들은 곡식같이 풍성할 것이며 포도나무같이 꽃이 필 것이며 그 향기는 레바논의 포도주같이 되리라

묵상 글

우리의 주님 예수님은 우리를 구원하시기 위해서 구세주로 오셨다. 속으로는 연하고 나약한 모습이지만 죄와 악함 속에서 흔들리고 있는 사람들을 강한 능력으로 이끄시고 하늘나라로 인도하신 분이시다. 세상의 유혹에도 결코 굴하지 않으셨다. 제자들이 떠나 홀로 계셔도 추호도 흔들리지 않으신 분이다. 목자

없는 양같이 헤매는 백성들에게는 한없이 자비하시고 밤새도록 도와주시며 상담해주시는 분이시지만, 하나님의 말씀을 가로막는 왕이나 로마 정권 앞에 당당하게 '하나님의 아들'이라고 '너희들의 왕'이라고 선언하신 분이시다. 그리고는 사람들의 구원을 위해 자신을 아낌없이 십자가에 드려 모든 사람을 위해 인생을 바치신 분이시다.

예수님을 생각하면 비자나무를 떠올리게 된다.

비자나무는 늘 푸른 바늘잎을 가지며 성장이 매우 느리다. 그러나 자라면 두세 아름에 이르는 나무가 된다. 나무껍질은 흑갈색으로 세로로 길게 갈라지고 잎은 납작하여 약간 두텁고 끝은 침처럼 날카롭다. 암수가 다른 나무이고 봄에 꽃이 피어 열매는 다음 해 가을에 익는다. 씨는 아몬드와 닮았는데 맛은 떫으면서 고소하다. 그러나 함부로 먹을 수는 없고 예로부터 기생충을 없애는 약으로 쓰였다. 목재는 건축이나 조선, 바둑판 등의 재료로 사용된다. 공해에 강하여 가로수로 적합하지만, 지금은 제주도 자생지에서만 있고 천연기념물로 지정되어 있다.

비자나무는 최상의 가구 재료이다. 바둑판은 물론 가구에 비자나무를 사용하면 최고품으로 인정받는다. 이 나무가 천천히 자라 단단하고 윤기가 있고 탄력이 뛰어나기 때문이다. 또한, 향이 강해 근처에 벌레 같은 것이 오지 않는다. 또한, 그 열매는 쓰

이지 않는 곳이 없다. 구충제뿐만 아니라 치질 예방, 눈, 변비와 고혈압에도 효능이 있고 피부의 노화 방지에도 역할을 한다.

하나님께서 창조하신 피조물 중에서 나무는 하나님을 꼭 빼다 닮았다. 무조건 아낌없이 모든 것을 내어준다. 나무는 온갖 병충해를 이기고 우리에게 생명을 준다. 어떤 불평도 항의도 없이 한평생 주어진 자리를 지키며 자기 본분을 다한다.

예수님이야말로 세상에서 가장 값진 분이시며 죄가 없으신 분이시다.

- 비자나무와 예수님의 닮은 점은 무엇일까?
- 비자나무처럼 산다는 것을 무엇을 의미할까?

한 줄 기도

가장 낮은 자의 모습이지만 가장 강한 자로 우리를 구원하신 예수님을 따르게 하옵소서.

비자나무처럼 내유외강으로 모든 사람에게 그리스도의 은혜를 전하며 살게 하옵소서.

_ 강석주(새생명교회 목사)

더 높이, 더 깊이

역대상 16:31-34

³¹ 하늘은 기뻐하고 땅은 즐거워하며 모든 나라 중에서는 이르기를 여호
와께서 통치하신다 할지로다 ³² 바다와 거기 충만한 것이 외치며 밭과 그
가운데 모든 것은 즐거워할지로다 ³³ 그리 할 때에 숲속의 나무들이 여호
와 앞에서 즐거이 노래하리니 주께서 땅을 심판하러 오실 것임이로다 ³⁴
여호와께 감사하라 그는 선하시며 그의 인자하심이 영원함이로다

묵상 글

역대상 16장 다윗이 쓴 그 날의 감사시를 읽다 보면 여호와의
영광이 주변에 가득 차는 듯한 느낌을 받습니다. 모든 백성이 아
멘으로 응답하는 외침 또한 생생한 함성처럼 느껴집니다. 그날
에 다윗은 아삽과 그의 형제를 세워 여호와께 감사를 올렸습니
다. 그날은 다윗이 예루살렘에 언약궤를 안치하고 번제와 화목

제를 드린 날입니다. 다윗은 주체할 수 없는 감사와 감격으로 춤을 추었습니다. 마음 깊은 곳에서 솟구치는 기쁨으로 이스라엘 백성에게 행하신 하나님의 은혜를 드높여 찬양했습니다. 온 땅과 하늘, 모든 족속, 하나님이 지으신 모든 만물은 여호와의 성호를 자랑하고 그의 구원을 날마다 선포하라고 다윗은 앞장서 찬양했습니다. 언약궤를 향한 다윗의 마음이 그러할진대 그가 만약 살아서 예수 그리스도를 맞이했다면 다윗은 과연 어떻게 했을까요? 이제 곧 우리는 아기 예수님이 우리 곁에 오셨던 그날을 기억하며 맞이하게 됩니다. 우리도 다윗처럼 춤을 추듯 기쁨에 겨워, 감사와 감격에 넘쳐 그날을 맞이할까요? 다윗의 아내 미갈은 춤추는 다윗을 창으로 내다보며 마음에 업신여겼습니다. 그러나 다윗을 내 마음에 합한 자라 여기시는 여호와는 사랑으로 바라보시며 기뻐하셨습니다.

여호와를 향한 다윗의 뜨거운 사랑과 남다른 마음을 묵상할 때 종려나무가 떠오릅니다. 우뚝 솟은 종려나무는 사방 어디에서도 볼 수 있습니다. 열매의 모양이 대추처럼 생겨 대추야자라고 부르는 종려나무는 성경에서도 번성과 영원한 생명과 승리를 상징할 때 종종 언급됩니다. 중동지방의 종려나무는 키가 거의 30m까지 자라고 뿌리는 100m 이상 깊이까지 뻗어나가 사막성 기후에서도 잘 번성합니다. 약 10년 이상 생장한 나무는 계절 구분 없이 100년 이상 많은 열매를 주렁주렁 맺습니다. 놀라운 것은 사막이나 광야 같은 마른 땅은 물론 염분이 많은 해변 근처에서도 잘 자란다는 것입니다. 종려나무의 이런 특성이 마치 광야의 마른 땅 같은 인생길에서 죽을 고비를 몇 차례나 넘기며 이스라엘의 왕이 된 다윗의 이미지와 겹칩니다. 아브라함과 다윗의 자손으로 오신 예수 그리스도가 예루살렘으로 입성하실 때 주님을 환영했던 무리는 그리스도의 오심을 환영하며 그들의 겉옷과 함께 종려나무 가지들을 바닥에 깔았습니다. 음모와 흉계를 일삼으며 주님을 죽음으로 몰아가던 적대자들에게 예수 그리스도의 영원한 생명과 승리를 상징하듯이 무리는 종려나무를 흔들었던 것입니다. 마치 예루살렘에 언약궤가 들어오는 것을 보고 춤추며 뛰놀던 다윗처럼 말입니다.

묵상을 위한 질문
- 언약궤를 맞이하던 다윗처럼 아기 예수님의 탄생을 맞이한 적이 있습니까?
- 종려나무의 상징과 예수님의 닮은 점은 무엇일까요?

한 줄 기도
종려나무처럼 더 높이, 더 깊이 지경을 넓히며 믿음의 열매를

주렁주렁 맺게 하소서

_ 김한희(경희캠퍼스 열린예배 교육목사)

대림절 생명 살림 묵상집

그들이 맺는 열매

마태복음 7:16-18

16 그들의 열매로 그들을 알지니 가시나무에서 포도를, 또는 엉겅퀴에서 무화과를 따겠느냐 17 이와 같이 좋은 나무마다 아름다운 열매를 맺고 못된 나무가 나쁜 열매를 맺나니 18 좋은 나무가 나쁜 열매를 맺을 수 없고 못된 나무가 아름다운 열매를 맺을 수 없느니라

묵 상 글

　가을, 낙엽이 지고 나면 나무에는 엉성한 가지만 남습니다. 남아 있는 가지만을 보고 그 나무가 어떤 나무인지를 알아채기는 쉽지 않습니다. 봄이 되어 싹이 돋고 꽃이 피어 마침내 열매를 맺어야만 그 나무가 어떤 나무인지를 분명히 알아보게 됩니다.

　예수님께서는 하나님의 말씀을 전하는 선지자들도 이처럼 그들이 맺는 열매로 참과 거짓을 분별할 수 있다고 하셨습니다. 자신들은 하나님의 말씀을 전한다고 하지만, 그들이 하나님의 뜻을 행하지 않는다면 거짓 선지자라고 하셨습니다. 성경의 일화로, 예수님께서 안식일에 병자를 고치시자 유대인들은 율법을 범했다며 주를 박해했습니다. 그때 예수님께서는 "내 아버지께서 이제까지 일하시니 나도 일한다"(요 5:17)고 하시며 율법을 통한 자기과시나 세상 사람들의 이목을 두려워하지 않는, 병자를 사랑하는, 아버지의 뜻에 순종하는 좋은 나무임을 드러내셨습니다.

이 말씀을 묵상하다 보면 우리는 과연 좋은 열매를 맺을 수 있는 나무인가 묻게 됩니다. 출애굽한 이스라엘 자손 중에 자신들의 거룩함을 주장하며 모세와 아론을 반역하던 이들의 모습이 죄의 속성을 지닌 우리 안에도 존재하기 때문입니다. 그래서 예수님께서는 말씀을 통해 포도나무인 자신에게 포도나무 가지처럼 붙어 있으라고 말씀하십니다(요 15:7-8). 그래야만 아버지의 뜻을 따라 그리스도 안에서 열매를 많이 맺을 수 있다는 것이지요. 증거궤 앞에 가지고 나온 열두 지파의 지팡이 중에서 여호와의 말씀을 따랐던 아론의 지팡이에만 순이 나고 꽃이 피어 살구 열매가 맺힌 것처럼(민 17:8), 우리도 그리스도께 접붙임이 된 가지로 살아갈 때만이 풍성한 열매를 맺을 수 있습니다.

- 우리는 하루하루 바쁘게 살아가고 있는데, 이를 통해 어떤 열매를 맺고 있습니까?
- 그리스도의 말씀 안에 거하며 열매 맺고 있습니까?

한 줄 기도

주님, 우리가 예수님 안에 거하여 좋은 열매 맺는 가지가 되게 하소서. 아멘.

_ 박다니엘(목포새순교회 교육전도사)

끝나지 않은 유혹

창세기 2:7-9

7 여호와 하나님이 땅의 흙으로 사람을 지으시고 생기를 그 코에 불어 넣으시니 사람이 생령이 되니라 8 여호와 하나님이 동방의 에덴에 동산을 창설하시고 그 지으신 사람을 거기 두시니라 9 여호와 하나님이 그 땅에서 보기에 아름답고 먹기에 좋은 나무가 나게 하시니 동산 가운데에는 생명나무와 선악을 알게 하는 나무도 있더라

묵상 글

하나님께서 창조하신 아름다운 에덴동산 가운데에는 두 그루의 나무가 있었다. 생명나무와 선악을 알게 하는 나무가 있었다. 하나님께서는 선악을 알게 하는 나무의 열매를 먹는 날에는 반드시 죽을 거라고 경고하셨고, 뱀은 그 열매를 먹으면 죽지 않고 눈이 밝아져 하나님과 같이 되어 선악을 알게 될 것이라고 말했

다. 아담과 하와가 함께 먹은 선악과를 빨간 사과로 곧잘 묘사하는데, 순천만국가정원에 따르면 사과는 5월 11일의 탄생화로 유혹이라는 꽃말을 갖고 있다고 한다. 뱀의 말은 아담과 하와에게는 엄청난 유혹으로 다가왔을 것이다.

이쯤에서 우리는 선악과가 열린 나무의 정식 명칭을 다시 기억할 필요가 있다. 아담과 하와는 '선악을 알게 하는 나무'의 열매를 먹었고 뱀의 말대로 눈이 밝아져 선악을 알게 되었다. 선악을 알게 된 그들이 처음으로 본 것은 나의 발가벗음과 상대방의 발가벗음이었다. 우리 모두의 발가벗음을 볼 수 있게 되었지만, 우리는 나의 발가벗음보다는 너의 발가벗음에 주목하곤 한다. 나의 죄성보다는 너의 악함을 주목하고 비난한다. 선악을 알게 된 인류는 끝없이 정죄하면서 남을 죽이게 되었다.

그런데 예수님만이 이 선악과의 결과를 막으셨다. 간음하다 붙잡힌 여인을 정죄하지 않으셨다. 이 여인의 발가벗음을 보지 말고, 자기 자신의 발가벗음을 보라고 말씀하셨다. 그때 그 장소에서 정죄의 손길과 외침은 그쳤고, 살인이 멈추었다.

선악과와 그것을 먹고 다른 사람을 정죄하라고 유혹하는 뱀은 여전히 우리 바로 옆에 있다. 그러나 동시에 우리 안에는 성령님이 계신다. 성령님은 우리를 그리스도의 삶을 선택하라고 끊임없이 말씀하시고 격려해 주신다. 그 삶은 다른 사람의 발가벗음을 정죄하는 삶에서 돌이켜, 우리 모두의 발가벗음을 가죽옷으로 덮어주신 하나님의 은혜를 바라보는 삶이다.

묵상을 위한 질문

- 나의 발가벗음을 덮어주신 하나님의 은혜를 기억해봅시다.
- 하나님의 형상을 닮은 나는 다른 사람의 발가벗음을 덮어주려고 한 적이 있나요?

예수님처럼 은혜를 기억하고 은혜를 흘려보내는 삶을 살게
하소서.

_유성용 목사(가나안교회)

성탄 후 1주

내가 사는 곳이나 다니고 있는 교회 주위에 있는 풀과 나무들을 얼마나 알고 있나요? 이번 주일은 가까이에 있는 들꽃과 나무들은 물론, 주변에 있는 크고 작은 산들에서 봄, 여름, 가을, 겨울 다양한 모습으로 자라고 있는 풀과 나무들을 만나 기록하는 시간을 갖습니다.

기록할 때는 이름과 모양을 그리거나 사진으로 담아 두면 좋습니다. 기록한 풀과 나무들을 나중에 다시 산책하면서 다시 찾아보면 그 변화를 느낄 수 있어 더욱더 생명의 풍성한 삶을 느끼고 또 그렇게 살아가게 될 것입니다.

우리 동네 나무 지도 만들기

하나님의 꿈

에스겔 47:12

강 좌우 가에는 각종 먹을 과실 나무가 자라서 그 잎이 시들지 아니하며 열매가 끊이지 아니하고 달마다 새 열매를 맺으리니 그 물이 성소를 통하여 나옴이라 그 열매는 먹을 만하고 그 잎사귀는 약재료가 되리라

묵 상 글

에스겔은 환상 가운데 있습니다. 성전에서 흘러내리는 물이 점점 깊고 넓어지더니 바다로 흐르는데 그 강변에 과일나무들이 무성하게 자랍니다. 모든 생명이 강을 중심으로 삶의 터전을 삼고 있습니다(1-10절).

그 강 주변에 무수한 과일나무가 자라며 시절대로 과일을 맺습니다. 마치 열대지방 같습니다. 바나나, 망고, 오렌지, 귤, 파인애플, 키위, 아보카도처럼 어느 정도 친숙한 과일들은 물론 구아

바, 파파야, 깔랄라 등 온갖 과일들을 에스겔은 보고 있을지도 모릅니다. 이런 풍성함이 성소에서 흘러나오는 물 때문이라고 합니다. 성소에서 나오는 물이기에 나무가 생명을 확장해 가고 잎사귀는 질병을 치유하는 효능을 갖게 되나 봅니다.

초점을 여기에 맞춰 봅니다. 성소에서 흐르는 물의 영향을 받으면 다양성과 생명력, 공존과 치유가 이뤄져야 합니다. 그 물을 마시고 사는 크리스천이 있다면 그 주변에 온갖 생명체가 깃들어 사는 생태적 풍성함과 다양성이 생겨야 한다는 말입니다. 내가 맺은 과일을 다른 생명들에게 사시사철 나누는 세상입니다.

그 생수 곁에 있음에도 병이 듭니다. 과실 나무들의 잎이 약재가 된다고 하니 말입니다. 병이 없다면 굳이 약재가 필요하지 않겠지요. 생수를 먹고 사는 크리스천들이 그 잎을 기꺼이 나눠 병자로 대표되는 주변의 사회적 약자, 생태계의 약자를 돌보고 치유하며 더불어 살아가는 그런 세상이 에스겔을 통해 보여주신 하나님의 꿈입니다. 하나님은 나무로 상징되는 우리와 함께 그 꿈을 이뤄가자고 말씀하십니다.

제가 이번 달부터 4만여 평의 향나무 숲을 돌보게 됐습니다. Genesis Eco Farm으로 이름 짓고 숲 주변으로 길을 내니 많은 지인이 방문해 개울이 흐르는 숲속 오솔길을 즐깁니다. 그 중 많은 사람은 나무의 경제적 가치, 실리적 가치에 집중합니다.

'이 비싼 향나무를 팔면 얼마쯤 될까, 나무를 간벌해 주면 더 좋은 목재가 될 텐데'라는 탐욕의 시각으로, 착취와 이용의 시각으로 나무들을 바라봅니다. 자본주의의 가치관에 사로잡힌 우리가 어떻게 하면 에스겔이 보는 하나님 나라의 환상을 볼 수 있게 될지요. 미물부터 사람까지 공존하는 세상에 대한 하나님의 꿈에 우리가 어떻게 참여할 수 있을까요?

묵상을 위한 질문

- 하나님 나라의 가치관으로 대표되는 생명강가의 삶과 나의 삶은 무엇이 다를까요?
- 무엇이 생명강가의 삶으로 가는 길을 막고 있으며 어떻게 하면 극복이 가능할까요?

한 줄 기도

하나님이 꿈꾸시는 생명강의 공존의 비결을 삶 속에 살아내도록 조금 덜 갖고, 조금 덜 쓰고, 조금 손해 보는 삶을 기쁘게 살아갈 수 있도록 저희의 삶의 가치관을 바꾸어 주십시오.

_ 정필상(캐나다 G.Eco Farm 일꾼, 전 국민일보 기자)

나무 속에 깃든 하나님의 현존

에스겔 17:22-24

22 주 여호와께서 이같이 말씀하시되 내가 백향목 꼭대기에서 높은 가지를 꺾어다가 심으리라. 내가 그 높은 새 가지 끝에서 연한 가지를 꺾어 높고 우뚝 솟은 산에 심되 23 이스라엘 높은 산에 심으리니 그 가지가 무성하고 열매를 맺어서 아름다운 백향목이 될 것이요 각종 새가 그 아래에 깃들이며 그 가지 그늘에 살리라 24 들의 모든 나무가 나 여호와는 높은 나무를 낮추고 낮은 나무를 높이며 푸른 나무를 말리고 마른 나무를 무성하게 하는 줄 알리라. 나 여호와는 말하고 이루느니라 하라

묵 상 글

기쁜 성탄 속에 성육하여 저희에게 오신 우리 주 그리스도의 사랑을 마음껏 만끽하고 계신지요.

성경은 아름다운 은유와 섬세한 언어로 심오한 하나님의 사랑을 우리에게 전해주는 한편의 서사시와 같습니다. 그 속에 많은 상징과 메타포를 알아갈수록, 그 깊이에 놀라고, 그때그때 우리의 삶과 시대를 비추어 주며 새로운 뜻과 의미를 더하곤 합니다. 특히 covid-19 팬데믹 상황에서는 창조 세계와 우리의 관계를 다시 돌아보게 됩니다. 우리가 파괴한 창조 세계가 과연 치유될 수 있을까 하는 회개도 말입니다.

제가 심리치료사가 되어 다시 읽게 되는 성경 속에서는 인간뿐만이 아닌 창조 세계 전체를 아울러 끊임없이 치유, 회복, 성장하게 하시는 하나님, 성령님, 예수님을 자주 만나게 됩니다.

그리고 대림절에는 창조 세계에 함께하시기 위해 성육하신 예수님을 더 깊이 묵상하며 만납니다.

왜냐면 그 성육은 단순히 인간의 몸만이 아닌 모든 창조물 안에 현존하시는 주님 사랑의 성육이기 때문입니다.

오늘 본문에서는 나무에 관한 이야기가 나옵니다.

심리학의 세계에서 나무는 종종 '자아상'을 상징합니다.

삶의 여정 속에서 때때로 우리는 모진 비바람을 만나 마음과 몸과 영의 가지들이 자꾸만 꺾여버리고, 말라버려 다시는 생명이 돋을 것 같지 않은 절망에 빠질 때가 있습니다. 그럴 때마다 오늘 묵상하신 성경 구절을 기억하시어, 마른 것을 푸르게 하시는 주님의 현존을 주위의 나무에서 찾을 수 있기를 바랍니다. 그렇다면 아무리 심한 트라우마와 상처 속에서도 다시 연한 새싹을 내고 꿋꿋이 뿌리내려가는 희망을 잃지 않을 것입니다.

주님 앞에서는 모두 존귀한 높은 나무, 낮은 나무처럼 창조 세계 모든 것들 속에 있는 하나님의 현존을 만나며 서로 소통하고 교제해 나가다 보면, 마른 가지처럼 꺾여버린 영도, 마음도, 몸도 새로운 생명의 초록 잎사귀를 돋게 되고 무성한 열매를 맺는 기쁨과 감사의 삶을 누리게 되실 것입니다.

아름다운 백향나무 밑에서 마음껏 쉬는 새들처럼 말입니다.

묵상을 위한 질문

- 오늘 이야기를 나누고 주위를 천천히 돌아보며 바라본 나무들의 모습이 예전과 어떻게 다른지요
- 나무 한 그루 한 그루에 하나님의 현존이 있고, 나의 현존이 있다고 생각하면 어떤 마음이 드시는지요.

한 줄 기도

주님, 우리 삶 속에 비바람과 역경이 올 때마다 연한 가지로 창조 세계로 오셔서 하나님의 믿음 안에 굳건히 뿌리 내리신 예수님을 기억하겠습니다. 죽음을 이기고 아름다운 백향목 된 주님의 현존을 나무들을 볼 때마다 다시금 제 가슴에 새기도록 하

겠습니다.

_ 임은(토론토 공인 심리치료사)

　오늘 묵상한 성경 본문에서 '연한 가지를 꺾어'라는 글을 볼 때 그 꺾인 가지를 잘 심어 주지 않으면 죽게 될 것임을 우리는 압니다. 그러나 죽음을 넘어서 주님의 사랑 안에 그리고 말씀하신 바대로 이루시는 하나님에 대한 믿음 안에 잘 뿌리 내리면 풍성히 열매 맺고 온갖 새들의 안식처가 되는 그리스도인의 삶을 보여주고 있습니다.

치유와 회복을 위한 내려놓기

요한계시록 22:1-2

또 그가 수정같이 맑은 생명수의 강을 내게 보이니 하나님과 및 어린양의 보좌로부터 나와서 길 가운데로 흐르더라 강 좌우에 생명나무가 있어 열두 가지 열매를 맺되 달마다 그 열매를 맺고 그 나무 잎사귀들은 만국을 치료하기 위하여 있더라

묵상 글

생명나무는 태초부터 새 하늘과 새 땅이 이루어지는 그때까지 생명수가 흐르는 강가에 심어져 있는 나무이다. 생명나무는 예수 그리스도를 가리킨다. 에덴에서 쫓겨난 인간이 다시 들어가게 될 새 하늘과 새 땅, 새 예루살렘 생명수 강가에 심어진 나무이다. 만국을 치료하고 회복하게 하는 나무이다.

생명수가 흐르는 강가에서 자라난 생명나무는 열두 가지 과실을 다달이 맺는다. 우리도 삶 속에서 생명력이 있는 열매를 맺고 살려면 하나님 아버지의 품 안에서 생명나무이신 예수 그리스도와 더불어 먹고 마셔야 한다.

생명나무이신 예수님이 이 땅에서 우리와 함께하시기 위해 태초에 여러 과실 나무들을 창조하셨다. 예수님의 생명이 그런 나무들 속에 있다.

현존하는 나무 중에 가장 오래된 수종은 가을이면 지천에 흔한 은행나무를 들 수 있다. 나이가 들면 기억력이 저하되며 일상생활에서 우스꽝스러운 일들이 자주 일어난다. 은행잎에는 행복 호르몬인 도파민을 증가시켜 인지력을 높이는 물질이 많이 들어 있다. 전통 수종인 수양버들에도 진통제 역할을 하는 물질과 혈관성 질환의 치료제로 쓰이는 물질들이 다량 들어 있다.

생명나무의 잎사귀는 치료제로 쓰인다고 했으니, 지천에 흔한 은행나무, 버드나무에도 예수님의 생명력이 들어 있다. 생명나무이신 예수에 접붙여진 우리에게는 이런 나무들을 통해 치유와 회복이 일어날 수 있다. 하나님의 창조세계인 자연 속에 생명이 흐른다. 생태계의 그 생명의 기운을 더 훼손하지 말아야 한다.

물론 생명나무에 나아가기 위해서 우리는 자기 두루마기를 빨아야 한다. 자기 옷을 빤다는 것은 정결해진다는 것이다. 이 시대에 자기 옷을 빤다는 것은 생명을 파괴하는 모든 행위에서 돌아서야 한다는 것을 의미한다. 그런 자는 생명나무의 열매를 먹고 성문을 통해 하나님의 성으로 들어가게 될 것이라고 하셨다.

이 시대를 이겨내며 새 하늘과 새 땅에 들어갈 권세를 얻기 위해서 매일 삶 속에서 정결해지려면(계 22:14) 오늘 생명을 선택해야 한다. 의식주 모든 생활에서 생명으로 나아가기 위한 결단과 실천을 오늘 해야 한다. 생명나무이신 예수님이 이 땅에 오신 날을 기억하며, 속히 오시겠다고 약속하신, 다시 오실 예수님을 오늘도 소망하면서.

묵상을 위한 질문

- 생태계의 회복을 위해 오늘부터 고쳐야 할 생활 습관에는 어떤 것이 있는가?
- 생명나무이신 예수님께 붙어서 오늘 어떤 열매를 맺었는가?

한 줄 기도

생명나무이신 예수님, 오늘 내 허물과 죄악을 고백하오니 정결하게 하소서. 만물과 내 세포를 새롭게 하셔서 치유와 회복이 일어나는 날이 되게 하소서.

_ 김귀한(대전산성교회 권사)

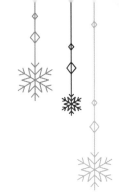

성탄 후 1주 목요일

함께 읽고 나만의 정원(숲)을 디자인해봐요!

대림절 생명 살림 묵상집

교회 숲으로 세상을 잇다

지구상의 나무는 얼마나 될까? 우리는 숲을 얼마나 보전하고 그 안의 생명과 관계를 맺고 있을까? 안타깝게도 그동안 우리는 잘 지키고 돌보지 못했다. 해마다 한반도 면적 정도의 열대림이 사라지고, 하루에도 100종 이상의 피조물들이 사라져가고 있다.

교회는 나무를, 숲을 얼마나 품고 있을까? 특별히 지키고 돌보는 나무가 있을까? 있다면 어떤 나무일까? 교회에 나무가 있고 없고는 사뭇 다른 느낌이 들게 한다. 가까이 울창한 숲이라도 있다면 더 말할 것도 없다.

사실 우리 그리스도인들은 수천 년의 역사 속에서 숲과 함께 살았고 그 안에서 신앙을 지켜왔다. 하나님은 창조의 하루에 초목을, 특히 각종 유실수를 에덴의 숲에 두어 인간 생존의 필수요건이 되게 하셨다. 그리고 우리는 매 순간 숲에서 신앙적으로 늘 중요한 경험을 하며 살아왔다. 아브라함이 아들을 제물로 드린 곳이 모리아산이었고, 노아 홍수 이후 새 역사가 시작된 곳도 아라랏산이었다. 모세가 십계명을 받은 곳도 시나이산이었고, 축복과 저주의 말씀이 선포된 곳도 에발산과 그리심산이었다. 예수님은 돌아가시기 전 감람산에서 밤새워 기도했고, 갈보리 산에서 산상설교를 선포하셨고, 다볼산에서 변형된 모습을 제자들에게 보이셨다. 그리고 무엇보다 그곳에서 십자가를 지고 돌아가셨다. 이처럼 숲은 우리에게 신앙적으로나 생태적으로 필수적이고도 중요한 공간이다.

그런데도 우리는 무분별하게 숲에 길을 내거나 건물을 짓고, 때로는 물건을 얻기 위해 탐욕스럽게 숲의 나무들을 베어내고 있다. 숲에 의지해 살아가고 있는 생명은 애당초 배려의 대상이 아니다. 만약 이대로 숲이 사라지면 우리와 수많은 생명의 생존이 위협받는 것은 물론, 창조주에 대한 신앙의 뿌리까지 흔들릴 수 있다. 하나님이 '참, 좋다' 하셨던 순간에 대한 기억도 완전히 상실될 수 있다.

요즘 교회들은 육중한 대리석이나 유리, 콘크리트 건물로만 되어 있다. 작은 정원이나 숲은커녕 그 흔적도 눈에 띄지 않는다. 있더라도 교회 주변에 형식적으로 심은 나무 몇 그루가 고작인 경우가 많다.

교회 안과 밖에 나무를 심을 수 있는 공간을 살펴보자. 교회 마당과 주차장, 벽면과 옥상, 세상을 오고 가는 길 어떤 공간이든 다 정원이요 숲이 될 수 있다. 함께 만들어 가꾸는 정원 숲은 공동체의 신앙을 돌아보게 해주며 기후 위기 시대에 맞는 성숙

한 그리스도인으로 살아가게 해줄 것이다. 쫓아냈던 생명이 다시 돌아오게 하여, 다 함께 하나님을 찬양하며 공존하는 삶을 살게 될 것이다.

교회 가까이에 있는 정원과 숲의 나무들을 살펴 그 이름을 묻고 기록해보자. 교회 안에 소모임을 만들어 기록하되, 자주 시간을 내어 걸으며 그 변화를 살피고, 신앙 안에서 묵상하면서 '교회숲 네이처링' 활동으로 이어가 보자. '교회숲 네이처링'은 교회 안이나 밖에서 자연을 관찰하고 기록하고 공유하는 활동으로, 오는 10월 말부터 온라인 공유플랫폼을 기반으로 시작되는데, 하나님과 함께 거닐던 태초의 숲에 대한 기억을 되살려 다시금 온 생명과 하나로 연결되는 기쁨을 누리게 해줄 것이다.

혹 눈에 띄는 곳이 없다고 포기하지 말자. 그럴수록 더 열심을 내어야 한다. 주변 공터나 쓰레기 불법 투기장, 시나 구 소유의 빈터를 찾아 마을의 정원과 숲으로 가꾸어 가되, 각각의 장소에 어울리는 식물을 찾아 심고 가꾸고, 그에 대해 기록하고 공유하면, 세상 속 끊어진 생명의 관계를 이을 수 있을 것이다. 그곳에 자두, 호두, 체리, 사과, 배 등의 유실수와 각종 허브, 약초, 다년생 식물들로 숲 밭을 만들면, 손도 덜 가고 생태적이고 순환적인 실천의 공간이 되어 줄 것이다. 쓰레기 무단투기 금지 캠페인, 야생화단지 및 빗물 저금통 만들기, 토종 씨앗 게릴라 가드

닝 등 다양한 교회 및 마을 공동체에 축제의 장이 되어 줄 수도 있다.

어떤 모양이든 함께 만드는 교회 정원 숲을 통해, 창조주 하나님이 우리에게 주신 선물을 풍성히 누리게 될 날을 기대한다. 모든 생명이 창조의 땅 지구에서 돋아난 푸른 움들과 더불어 다시금 하나로 이어지는 꿈, 교회숲에서 '참, 좋다' 하시는 창조주 하나님과 더불어 즐겁게 거니는 꿈이 이루어지는 그 날을 기대한다.

_ 유미호(기독교환경교육센터 살림 센터장)

부 록

부록

녹색 그리스도인을 위한
풀꽃과 나무로 알아보는 생태 감수성 테스트

주변을 둘러보면 다양한 풀꽃과 나무들이 우리와 함께 살아 갑니다. 어떤 식물들은 친숙해서 굳이 외우지 않아도 잘 알고 있는 한편, 어떤 식물들은 자주 보는데도 불구하고 이름이 무엇인지, 또 언제 어떻게 자라는 식물인지 전혀 모르기도 합니다.

다음의 풀꽃과 나무 이름을 읽어보며 알고 있는 식물, 구분할 수 있는 식물이 몇 종류나 되는지 체크해 보고, 우리 주변에서 함께 살아가는 다양한 식물들에 대해 더 알아가는 시간을 가져 봅시다.

80종류 이상	생태 감수성 녹색. 훌륭합니다! 앞으로도 지속적으로 생태에 관심을 가지면서 더욱 생태 감수성 풍부한 삶을 살아갑시다!
21~79종류	생태 감수성 황색. 다양한 식물들에 관심을 가지고 계시군요. 조금 더 식물들을 알아가는 시간을 가져도 좋을 것 같습니다.
20종류 이하	생태 감수성 적색. 우리 주위에는 생각보다 많은 식물이 함께 살아 가고 있습니다. 주변을 둘러보며 우리와 함께 살아가는 식물에 관심을 가지는 시간을 가져 보면 어떨까요?

〈풀꽃-봄〉

1. 봄까치꽃(개불알풀)	2. 봄맞이	3. 냉이
4. 쑥	5. 달래	6. 꽃다지
7. 꽃마리	8. 꽃바지	9. 민들레
10. 서양민들레	11. 개쑥갓	12. 별꽃
13. 쇠별꽃	14. 지칭개	15. 뽀리뱅이
16. 씀바귀	17. 엉겅퀴	18. 지느러미엉겅
19. 벼룩나물	20. 소루쟁이	21. 한삼덩굴
22. 고마리	23. 고들빼기	24. 광대나물
25. 제비꽃	26. 종지나물(미국제비꽃)	27. 갈퀴덩굴
28. 새포아풀	29. 쇠뜨기	30. 다닥냉이
31. 말냉이	32. 황새냉이	33. 양지꽃
34. 메꽃	35. 질경이	36. 은방울꽃
37. 복수초	38. 노루귀	39. 노루발풀
40. 연복초	41. 산괴불주머니	42. 조개나물
43. 수선화	44. 맥문동	45. 원추리
46. 향모	47. 무릇	48. 미나리냉이
49. 벌깨덩굴	50. 뱀딸기	

〈풀꽃-여름〉

51. 마타리	52. 솔체꽃	53. 쥐오줌풀
54. 초롱꽃	55. 영아자	56. 도라지
57. 금불초	58. 솜나물	59. 단풍취
60. 단풍잎돼지풀	61. 등골나물	62. 톱풀
63. 중대가리풀	64. 맑은대쑥	65. 미국가막사리
66. 자주괴불주머니	67. 참꽃마리	68. 산골무꽃
69. 익모초	70. 긴병꽃풀	71. 송장풀
72. 광대수염	73. 석잠풀	74. 박하
75. 누운주름잎	76. 말나리	77. 하늘말나리
78. 왕원추리	79. 골풀	80. 벗풀
81. 택사	82. 가래	83. 부들
84. 애기부들	85. 네가래	86. 생이가래
87. 물개구리밥	88. 대사초	89. 등심붓꽃
90. 꽃창포	91. 노랑꽃창포	92. 붓꽃
93. 은대난초	95. 은난초	96. 개여뀌
97. 이삭여뀌	98. 며느리밑씻개	99. 채송화
100. 봉선화		

〈풀꽃-가을〉

101. 박주가리	102. 쑥부쟁이	103. 산국
104. 까마중	105. 향유	107. 오리방풀
108. 속단	109. 꽈리	110. 참마
111. 배풍등	112. 석산	113. 상사화
114. 큰기름새	115. 강아지풀	116. 바랭이
117. 왕바랭이	118. 방동사니	119. 수크령
120. 고비	121. 야산고비	122. 솔이끼
123. 고사리삼	124. 그령	125. 큰김의털
126. 오리새	127. 큰조아재비	128. 자라풀
129. 물질경이	130. 검정말	131. 말즘
132. 범부채	133. 참취	134. 해국
135. 망초	136. 개망초	137. 벌개미취
138. 개미취	139. 큰금계국	140. 삼잎국화
141. 기생초	142. 소엽(차조기)	143. 용담
144. 구릿대	145. 달맞이꽃	146. 뱀무
147. 맨드라미	148. 멸가치	149. 반하
150. 노루오줌		

〈나무〉

1. 은행나무	2. 양버즘나무	3. 회화나무
4. 복자기	5. 버드나무	6. 소나무
7. 잣나무	8. 리기다소나무	9. 메타세쿼이아
10. 편백나무	11. 자작나무	12. 이팝나무
13. 목련	14. 느티나무	15. 무궁화
16. 산수유	17. 튤립나무	18. 주목
19. 회양목	20. 칠엽수	21. 배롱나무
22. 산사나무	23. 수수꽃다리	24. 아까시나무
25. 쥐똥나무	26. 중국단풍	27. 가죽나무
28. 벚나무	29. 쉬땅나무	30. 능소화

대림절 생명 살림 묵상집

우리 나무 30가지 살피기

1. 은행나무: 은행나무과

공룡 시대부터 살아온 나무라서 살아있는 화석이라고 합니다. 살아있는 화석나무로는 메타세쿼이아, 소철, 계수나무 등등이 있어요. 은행나무는 멀리서 보면 우선 풍성합니다. 안기고 싶은 나무이지요. 그러나 뭇짐승들이 가까이하지 않아요. 왜 그럴까요? 맞아요. 은행 특유의 냄새 때문이지요. 열매 하나를 구하려 해도 겹으로 장치가 되어 있어서 접근이 어렵답니다.

다른 이름은 압각수라는 이름도 있어요. 기러기 압(鴨), 다리 각(脚)을 쓰며 이파리가 기러기발을 닮았기 때문이지요. 우리나라 가로수에 39%를 차지합니다.

2. 양버즘나무: 버즘나무과

가로수로 많이 심어진 나무이지요. 북한에서는 방울나무라고 부르는데 열매가 방울처럼 달리기 때문이지요. 이 나무는 속성수이고 뿌리가 천근성이라 우기에 비바람에 넘어질 염려 때문에 늦가을이나 봄철에 강한 전정 작업을 합니다. 또 플라타너스Platanus라고 부르는데 이는 학명으로 잎이 넓다는 뜻입니다. 이 나무는 추위에 강하고 소음 효과와 도시 공간에 먼지 흡착률이 뛰어납니다. 그 외에 버즘나무, 단풍버즘나무가 있어요. 세계 3대 가로수로는 양버즘나무, 칠엽수, 히말라야시다가 있습니다. 우리나라는 양버즘 25%이며 프랑스는 양버즘 50%, 영국 90%가 가로수입니다.

3. 회화나무: 콩과

중국이 원산지로 여름에 황백색 꽃이 피며 열매는 10월쯤에 열리지요. 어린 가지는 녹색을 띠며 잎은 호생합니다. 나무는 떨켜층을 기준으로 하기에 소엽(작은 잎들)을 포함한 전체 잎이 하나의 잎의 기준이 됩니다. 콩과 식물들은 뿌리에서 혹박테리아가 공존하며 질소 고정을 하므로 척박한 땅을 천천히 기름지게 합니다. 영어로 chinese scholar tree이고 학자수라고 부르며 공해에도 매우 강한 편입니다. 옛날에 서당 주변에 심는 이유가 벌레를 쫓는 성분이 들어 있기 때문입니다.

4. 복자기: 단풍나무과

공원의 정원수로 많이 심어지고 있으며 삼출겹잎으로 가을에 단풍이 붉게 들어요. 수피는 이팝나무처럼 껍질이 많이 일어나지요. 여느 단풍보다도 선홍빛 붉은 기운을 띠어 공원에서는 인기 있는 나무 중의 하나입니다. 가을이 오면 탐방객들이 이 나무에서 사진 한 컷을 많이 찍어요. 산에 단풍이 곱게 드는 단풍나무과의 나무는 당단풍이 단연 으뜸입니다.

5. 버드나무: 버드나무과

버드나무과 나무들은 『대한식물도감』(이창복 저)에 보면 우리나라에 43종이 있으며, 예전부터 풍치수로 아주 매력적이었다고 합니다. 천안삼거리 능수버들은 아주 유명했지요. 버드나무는 우리 주변에 흔하게 만나는 친근한 나무입니다. 자생력이 강하여 가지를 삽목해도 잘 자랍니다. 옛날부터 피부병, 통증완화제로 많이 썼으며 문학 작품 및 그림에도 자주 등장합니다. 어릴 때 팽이치기의 채찍으로 주로 썼으며 버들피리도 즐거운 놀잇감이지요.

6. 소나무: 소나무과

우리나라 사람들이 가장 좋아하는 나무, 소나무입니다. 우리는 이 나무와 일생을 함께하지요. 아이가 태어나면 금줄을 칩니다. 그 안에 솔가지가 반드시 있어요. 설렘으로 새끼줄을 꼬아서 싸리문에 신성한 아이의 탄생을 위하여 알리지요. 그리고 소나무 대들보 아래에서 먹고, 잠자고 쉬며, 솔가지로 밥을 해 먹으며 살다가 죽을 때는 뒷산 솔바람 숲에 묻혀요. 또한 소나무는 귀한 약재이며 먹거리입니다. 인간과의 인연이 밀접한 나무입니다. 그 외에 리기다소나무, 백송, 해송(곰솔) 등등이 있지요.

7. 잣나무: 소나무과

잎이 5개이며 심재가 붉은 기운이라 홍송이라 부르지요. 중부 이북에 주로 식재되어 잣을 풍부하게 얻습니다. 겨울에도 푸름이 싱싱하여 소나무와 함께 눈맛을 제공합니다. 소나무는 수피가 금빛이나 잣나무는 어두운 빛을 띠며, 지금은 온난화의 영향으로 잣 수확이 떨어지고 있답니다. 잣은 청설모가 좋아하는데 까먹는 솜씨가 일품이지요. 청설모는 우리나라에 분포하는 토종입니다. 주로 추운 지방인 시베리아, 홋가이도 침엽수림에서 살아요. 이 청설모에 의해서 잣나무가 자손을 퍼트리는 효과를 봅니다.

8. 리기다소나무: 소나무과

나무줄기에 수염처럼 나뭇잎이 3개씩 왕성하게 자라며 우리 주변 야산에 가장 쉽게 보이는데 미국에서 들여왔어요. 민둥산을 피복하는데 일등공신이지요. 현재 이 나무의 이용방안에 관한 연구를 계속하고 있으며, 주로 튤립나무로 수종 갱신 중에 있습니다. 리기다는 학명으로 '단단한'이란 뜻이 있어요.

9. 메타세쿼이아: 낙우송과

중국 원산으로 살아있는 화석나무입니다. 현재 가로수로 많이 식재하며 풍치수로 각광받고 있어요. 이 나무는 낙우송처럼 겨울에 잎이 집니다. 같은 낙우송과인 금송이나 삼나무는 잎이 떨어지지 않아요. 이 나무는 열매가 특이하게 입술 모양을 하고 있으니, 열매가 뭐라고 이야기하는지 귀를 기울여 들어보세요.

10. 편백나무: 측백나무과

편백나무는 키 큰 나무로 메타세쿼이아처럼 아주 하늘 높이 자라지요. 나무가 이렇게 크게 자라면 나무의 위용에 다른 나무들이 자랄 자리가 궁색해집니다. 그리고 집단으로 식재를 해서 항상 필수 영양소의 결핍을 초래합니다. 특히 질소 결합이 어려워지는데 피톤치드의 생성이 질소 형성에 관여합니다. 피톤치드는 좌뇌의 기능을 억제하고, 우뇌의 기능을 활성화하여 명상을 돕고, 무의식의 세계에 들게 만든답니다. 자, 차분히 앉아 마음 공부를 해볼까요.

11. 자작나무: 자작나무과

북쪽이 고향인 이 친구는 겨울에 봐야 제맛이지요. 인제 자작나무숲이 유명하며 영화에도 다양하게 등장합니다. 이 나무를 자세히 보고 있으면, 나무마다 영혼이 깃들어 신령한 기운이 느껴집니다. 핀란드 사우나에 가면 나뭇가지를 모아서 어깨를 툭툭 내리칩니다. 나뭇잎의 정유 물질이 체내로 유입되는 거지요. 자일리톨의 원료를 추출하기도 합니다.

12. 이팝나무: 물푸레나무과

향토수종으로 가로수로 많이 심고 있어요. 5~6월 사이에 하얀 꽃이 피지요. 구름처럼 하늘하늘하여 치성을 드리는 신목으로 받들기도 합니다. 잎이 달걀 모양으로 타원형이고 가을에 익어요. 일명 '쌀나무'라고 부르기도 하는데 가난한 보릿고개 시절 이야기입니다. 가로수로 심는 기준은 내공해성, 내염성, 병충해, 풍취성 등으로 이를 감안하여 심는데 이 나무는 여기에 합격점이지요.

13. 목련: 목련과
겨울눈이 뽀송뽀송하게 자라다가 봄이 되면 기지개를 켜요. 흰 꽃이 피며 껍질이 벗겨지면 아이들은 그 뽀송이를 주워서 손톱 사이에 끼워 여우놀이를 합니다. 다른 나무에 잎이 나기 전에 먼저 피어서 공간 배경을 장식합니다. 겨우내 움츠렸던 사람의 마음을 풍성하게 하지요.
별 모양으로 피면 별목련, 자주색이면 자목련, 꽃과 잎이 같이 나오면 일본목련, 산에 가면 북한의 국화인 함박꽃나무가 있어요. 여름에 피는 이 친구는 꽃 향이 아주 좋아요.

14. 느티나무: 느릅나무과
21세기 들어 산림청에서 정한 새천년 밀레니엄나무가 느티나무입니다. 선정 이유는 오래된 나무가 많아서이지요. 지금도 느티나무는 동네마다 정자목으로 늠름하게 서 있어요. 느티나무 잎을 보면 둥근 타원형이 보이는데 인도의 타지마할이 떠올라요. 여러분도 살펴보시기 바랍니다. 느릅나무과에 느릅나무가 세간의 주목을 받지요. 간 해독제 성분이 숙취에 좋다는 평입니다.

15. 무궁화: 아욱과
우리나라 국화로 인정하고 있는 꽃입니다. 7월부터 10월까지 연달아 피어

무궁 무궁 무궁화 300여 종이 있으며 다양한 색과 다양한 꽃의 모양새를 볼 수 있답니다. 하루 만에 피었다가 하루 만에 지는 게 특징이지요. 늦여름에 꽃으로 화전을 부쳐 먹습니다. 꽃피기 전에 둥근 봉우리도 까먹으면 맛있어요. 조경수에서 일본 나무 위주에서 벗어나 우리나라 조경수를 관심을 가져야 합니다. 무궁화는 일제에 의해 철저하게 사라진 나무 중의 하나입니다. 이제 우리가 적극적으로 심어야 할 나무입니다.

16. 산수유: 층층나무과

4월 봄이 오면 노란 꽃의 대명사라고 할 만합니다. 나무 전체가 노랗게 한 무더기의 꽃다발로 보입니다. 이런 다발이 언덕마다 피어있으면 3월에 피는 매화의 흰 꽃에 대비되지요. 나무의 붉은색 열매는 귀한 약재이므로 지역 단위로 두루 재배하지요. 층층나무과의 특징은 잎에 잎맥이 가지런하고 차분합니다. 특히 열매는 직박구리가 아주 좋아합니다.

17. 튤립나무: 목련과

미국 원산으로 속성수입니다. 수형이 곧고 잘 자라 주목받고 있어요. 가로수로도 심는데 뿌리가 천근성이라 폭우가 치면 잘 쓰러지는 단점이 있어요. 꽃이 피면 튤립처럼 단아하며 열매 차례도 튤립꽃처럼 맺어서 신기하게 보입니다. 목재는 부드러워서 가구용으로 각광받고 있지요.

18. 주목: 주목과

'살아 천년, 죽어 천년'이라는 주목. 태백산이나 지리산에 그 위용을 자랑하고 있어요. 고사목으로 말입니다. 지금 가장 심각한 건 온난화로 인하여 이 나무가 점점 위기 상태에 있다는 거예요. 한라산이나 지리산에 고사목이 점점 늘어나고 있답니다. 열매는 붉은색으로 열리는데 암수딴그루이니 암

그루에만 열리지요. 수피를 살짝 긁어보면 붉은 기운을 띠어 주목이라 부릅니다.

19. 회양목: 회양목과

주로 울타리로 많이 심고 있어요. 꽃잎이 없이 암술과 수술만이 봄에 노랗게 피어있지요. 보면 다부진 암술이 보입니다. 잎에 나름 왁스층이 형성되어 있어서 더위나 추위에 잘 견디며 우리나라 특산 나무입니다. 주로 제천, 단양에 많아요. 나무 재질이 단단하여 도장을 만들기에 일명 도장나무라고 하지요. 씨앗을 보면 흑미처럼 보이며 아주 단단합니다.

20. 칠엽수: 칠엽수과

큰 키 나무로 공원에 주로 심어요. 이 나무의 다른 이름은 '마로니에'라고 부릅니다. 칠엽수는 두 종류가 있는데 일본산과 유럽산입니다. 유럽산은 열매를 싸는 종피에 가시가 돋아있어요.
한국에는 주로 일본산이 있으며 대학로 공원을 마로니에공원이라고도 하는데 거기에 칠엽수가 제법 있답니다. 여름에 꽃이 노르스름하게 피는데 종 모양으로 피지요.

21. 배롱나무: 부처꽃과

중국산 낙엽교목으로 여름에 피는 꽃으로 옅은 홍색이 주종을 이루며 가끔 흰배롱꽃도 보입니다. 주로 사찰에 많이 심어지는데 한 그루가 피어있어도 당당합니다. 스스로 뿌리에서 질소 고정을 한다고 알려져 있으며 단지 흠은 추위에 약합니다. 남도에 가면 가로수로 많이 심고, 정원수로 인기가 좋습니다.

22. 산사나무: 장미과

꽃이 5월에 흰색으로 피며 아가위나무라고도 부릅니다. 중국의 산사수에서 유래하며 '산에서 자라는 아침의 나무'라는 뜻이 있습니다. 예수님의 가시면류관으로 이야기되는 몇 개의 식물이 있는데 그중의 하나가 산사나무이고, 이 나무가 악마를 막아주는 나무라 하여 신성하게 생각했으며 밤나무꽃 향이 남성에 비유된다면 산사는 여성에 비유됩니다.

23. 수수꽃다리: 물푸레나무과

4~5월에 피는 꽃의 향기 중에 가장 으뜸입니다. 황해도 해주가 원산지인데 석회암 지대에서 자란답니다. 연한 자주색 꽃이 피며 흰색 개체도 있어요. 잎은 매우 쌉싸름하여 첫사랑의 맛으로 통합니다. 이 나무가 유럽으로 건너가 꽃 색이 짙어지고, 향기가 진해져 라일락으로 돌아옵니다.

24. 아까시나무: 콩과

콩과 식물로 우리에게 회자 되는 나무가 바로 이 나무입니다. 그만큼 오해와 진실을 동시에 담고 있는데, 이 나무가 다른 나무에 해를 끼친다는 것입니다. 이것은 오해이며 사실 뿌리에 혹박테리아가 있어 질소 고정을 하므로 다른 나무에 이로움을 줍니다. 그리고 이 나무는 선구수종입니다. 척박한 나대지에 먼저 심어서 주변 토양이 건강해지도록 도움을 주는 나무입니다.

25. 쥐똥나무: 물푸레나무과

5월 말쯤이면 하얀 꽃이 피는데 라일락만큼 짙은 향기를 자랑합니다. 주로 담장으로 많이 이용하며 가을에 달리는 열매가 검은 게 쥐똥처럼 보이며, 북한에서는 검정알나무라고 합니다. 울타리로 사용하는 나무는 주로 더디

대림절 생명 살림 묵상집

게 자라며 가시가 없고 촘촘한 나무를 선호합니다. 빨리 자라면 전지에 필요한 인건비가 많이 들지요. 가시가 있다면 사람이 다칠 수 있답니다.

26. 중국단풍: 단풍나무과
중국산의 낙엽교목으로 관상용과 가로수로 심고 있습니다. 잎이 마주나며 잎끝에서 3맥이 발달하며 잎 모양은 오리발 모양입니다. 잎을 주워서 오리처럼 한번 걸어보세요. ㅎㅎ
수피는 가엽게 대부분 벗겨져 있으며 보는 순간, 측은지심을 갖게 됩니다. 단풍은 노란색이나 혹은 붉은색을 띠며 가을을 보냅니다.

27. 가죽나무: 소태나무과
중국 원산으로 큰 키 나무. 학교에서 가장 우람한 나무를 찾으면 이 나무가 많습니다. 지금은 도시 공간에 너무 많은 성장세를 보여 산림청에서 제거목으로 지정하여 관리하고 있어요. 워낙 성장 속도가 빠르고 다양한 토양에 적응력이 뛰어나 골칫거리입니다. 이와 상대되는 나무는 멀구슬나무과인 참죽나무인데 참죽나무의 잎은 맛이 좋아 일품요리에 속합니다.

28. 벚나무: 장미과
봄을 대변하는 나무들을 살펴보면, 이른 봄에 매화, 살구, 산수유, 진달래가 있고, 또한 가로수를 수놓는 꽃이 벚나무입니다. 종류에는 벚나무, 개벚나무, 산벚나무, 왕벚나무, 수양벚나무 등등 다양합니다. 꽃이 흐드러지게 피고 지며 바람에 날립니다. 꽃잎이 난분분하면 봄볕이 스러지는 거지요. 버찌를 따 먹는 재미도 있지요.

29. 쉬땅나무: 장미과

봄에 늦게 잎이 자랍니다. 여름에 흰 꽃이 피는데 미소 동물들이 잔뜩 찾아와 꽃 잔치를 벌입니다. 꽃망울이 방울방울 보일 때 아늑한 멋을 풍기며 또 다른 풍취를 자아냅니다. 꽃이 피면 약간 비릿한 향이 납니다. 땅에다 쉬하는 나무, 쉬땅나무. 또 다른 상상을 해보시기 바랍니다.

30. 능소화: 능소화과

원산지가 중국인 낙엽만경식물로 다른 나무에 의지해서 자신의 키를 성장하는데 주로 사찰에 식재합니다. 뜨거운 여름날에 당당하게 피었다가 홍자색 꽃이 통째로 떨어집니다. 떨어진 꽃은 눈에 잘 보이지 않으나 수술이 갈고리 모양으로 되어 있어서 혹시 눈에 들어가면 망막을 상할 수 있으므로 주의가 필요합니다. 옛날에는 양반집에만 심었다는 이야기가 전해져 옵니다.

* 여기 있는 풀꽃과 나무 선정과 해설은 이광호 숲해설가님이 작성해주셨습니다.

'기독교환경교육센터 살림'은?

창조 신앙에 기초하여 생태 리더십을 개발하고, 교회와 지역 사회를 푸르게 하는 환경 선교 기관(비영리민간단체)입니다. 환경 선교와 교육을 컨설팅할 뿐 아니라 다양한 교육과 워크숍, 커뮤니티 활동을 지원합니다.

함께 하는 개인/교회와 더불어 '모두가 골고루 풍성히 누리는 삶!'(요 10:10), 하나님이 보시기에 참 좋은 하늘나라의 삶을 이 땅에서 함께 살아내기 위해 노력하고 있습니다. 창조 세계 안에 머무는 것을 소중히 여기며, 신음하는 생명의 소리에 예민하게 귀 기울임으로 이 땅을 함께 가꾸고 돌보고자 합니다.

〈주요 사업〉

▌ 탄소중립 기후교회(녹색교회) 만들기(자가 진단지 보급 및 컨설팅, 워크숍)

▌ 제로 웨이스트(플라스틱 프리 교회/ 걷기 & 줍기) 및 기후 중보 기도 캠페인(기후 증인 되기)

▌ 경건한 40일(7주간) 탄소금식 등 신앙의 절기에 맞춘 실천 캠페인

▌ 환경선교사(성인 & 유·청소년), 온라인 그린 스쿨, 지구 돌봄 서클 등 교육 진행

▌ 녹색교회학교를 위한 교사 워크숍 및 지구 묵상 주일(크리스찬 어스 아워) 캠페인

▌ '계절에 말 걸기' & '전환을 위한 일상 영성 훈련(리트릿)' & '교회숲(정원)' 워크숍 및 조성

▌ 탄소제로 걷기 및 모두를 위한 '환경 살림 나눔 발전' 캠페인

▌ #환경 #해시태그 #봉사 인증(1365 자원봉사 포털) 캠페인

하나님은 우리를 지구 동산에 두시고 '지키고 돌보라'(창 2:15) 하셨습니다.
'살림'은 교회와 그리스도인들의 회비로 운영됩니다.
재정 후원은 하나님이 만드신 지구와 그 안에 기대어 살아가는 생명이 골고루 풍성한 생명을 누리게 하는 다양한 활동의 중요한 밑거름입니다.

살림 친구(후원) 되기
https://online.mrm.or.kr/E5CQi7a

살림 후원 계좌(기부금 영수증 발급)
국민 343601-04-121652 재)한빛누리살림

주소 (03128) 서울 종로구 연지동 135 한국교회100주년기념관 604호 기독교환경교
육센터 살림

TEL 070-7756-0226 (팩스 수신 시 수동 전환 필요)

Email ecochrist@hanmail.net

살림 홈페이지 https://www.eco-christ.com/
살림블로그(활동 소식) https://eco-christ.tistory.com
살림브런치(글 창고) http://blog.naver.com/ecochrist
네이버밴드 https://band.us/@salim
페이스북 페이지 http://www.facebook.com/ecochrist.salims
카카오톡플러스친구 http://pf.kakao.com/_rmExdC

"Christian Save The Earth", 하나님 안에서
모든 생명이 아름답게 공존하기까지 교육하고 실천하겠습니다.

 의 꿈

01 300살림씨앗 Network 연결
- 페이스북 www.facebook.com/ecochrist.salim
- 블로그 blog.daum.net/ecochrist
- 인스타그램 www.instagram.com/ecochrist

02 "지구이웃과 함께하는 40일 묵상여행" 신청 및 진행
ecochrist@hanmail.net

03 지구사랑 온도 1.5에 대해 공부하고 기도하기
자료문의 및 환경선교사 지원요청 070-7756-0226
- 밴드 https://band.us/@salim

04 우리교회 살림씨앗들의 상징과 실천과제 정하기
- 살림씨앗 상징(일곱물건) : 자전거, 손수건, 자기컵(텀블러), 부채, 장바구니, 상자텃밭, 초

05 함께 교육하고 실천하기(후원)
"당신의 후원이 모두의 풍성한 삶을 위한 밑거름입니다"
- 국민은행 343601-04-121652 재)한빛누리(살림)
※ 기부금 영수증 발급

Slow Christian Slow Church

"땅은 푸른 움을 돋아나게 하여라...
땅은 푸른 움을 돋아나게 하고, 씨 맺는 식물을 그 종류대로 나게 하고,
씨 있는 열매를 맺는 나무를 그 종류대로 돋아나게 하였다.
하나님 보시기에 좋았다." 창세기 1장 11-12절

지구를 구하는

정원 숲

**1인당 하루 탄소배출량
잣나무 7그루가 흡수하는 양**

CO_2
하루 탄소배출량 = 잣나무 7그루
2.6kg

**기온 낮추고 습도 높여
미세먼지 저감**

잎 : 미세먼지 흡착 · 흡수 / 가지 · 나무줄기 : 미세먼지 차단
(나무 47그루가 연간 168Okg 흡수=경유차 1대 분량)

바람을 일으켜 심신 안정 효과

바람을 일으켜 몸과 마음이
쉽게 하여 심리적 안정 효과

지구에 푸른 숨을 더하는,

온실가스 미세먼지 프리 세걸음

모두가 골고루 풍성한 삶을 누리기까지, 하나님의 정원을 만들어 가꾸겠습니다.

 〈나만의 반려식물〉 지정
〈우리교회 정원숲〉 지정 혹은 만들기

 〈정원숲 도서〉 한줄 독후감 쓰고 나누기
• 추천 : 정원에서 하나님을 만나다 / 자연에 말걸기 / 자연의 비밀네트워크 등

세 걸음! 〈정원숲 시민되기〉 내 주변의 나무와 풀 10가지 알기
• 계절에 달걸기 참여 및 자체 진행(매월 셋째 월요일 10시 30분)

문의 : 070-7756-0226

기독교 환경교육센터 살림 후원하는 방법
1. QR코드로 검색해 회원가입 후 후원하기
2. 기부금 전용 계좌 : 국민 343601-04-121652 제 (환빛누리(살림) 야나
   일반 계좌 : 국민 533301-01-159099 기독교환경교육센터(살림 으로후원하기

정원숲 등 모두의 살림 자료 http://www.daum.net/ecochrist
나의 탄소발자국 확인 http://kcen.kr/tanso/intro.green